宽紧杀

进阶练习 300 题

唐亚顺　赵俊峰　编著

化学工业出版社

·北京·

图书在版编目（CIP）数据

象棋宽紧杀进阶练习300题/唐亚顺，赵俊峰编著.—北京：化学工业出版社，2021.10（2025.2重印）
ISBN 978-7-122-39631-0

Ⅰ.①象… Ⅱ.①唐… ②赵… Ⅲ.①中国象棋-对局（棋类运动）-习题集 Ⅳ.①G891.2-44

中国版本图书馆CIP数据核字（2021）第149368号

责任编辑：杨松淼　　　　　　　　　　装帧设计：李子姮
责任校对：宋　玮

出版发行：化学工业出版社（北京市东城区青年湖南街13号　邮政编码100011）
印　　装：大厂回族自治县聚鑫印刷有限责任公司
880mm×1230mm 1/32　印张7　字数150千字　2025年2月北京第1版第6次印刷

购书咨询：010-64518888　　　　　　　　售后服务：010-64518899
网　　址：http：//www.cip.com.cn
凡购买本书，如有缺损质量问题，本社销售中心负责调换。

定　　价：29.80元　　　　　　　　　　　　　　　　版权所有　违者必究

前　言

象棋对弈过程中，擒住对方将（帅）是取得胜利的标志。因此，熟练掌握各种简洁、迅速将死对方将（帅）的方法，便成为下好象棋的一项重要基本功，我们把这种方法称为象棋的杀法。

"宽紧杀"是相对"连将杀"而言的。"宽"在这里的意思是"非直接照将"，通过"要杀""催杀""解杀还杀""解将还杀"等方法，在并非步步连将的情况下，制对方于死地的杀着组合。一般来讲，在象棋实战中，连将杀的比例相对较少，而宽紧杀则要常见许多。学习、掌握并熟练地将宽紧杀运用到实战中，是提高棋艺的不二法门。

本书适合具备了一定基础连将杀能力的象棋爱好者。通过本书中习题的训练，读者能够更好地掌握象棋实战杀王的要领，从而有效提高自己的棋艺水平。

书中的每一道题都是笔者精心挑选并用心整理的，希望能对读者朋友们有所帮助。若有不足之处，也请广大象棋爱好者批评指正，以便不断改进，为大家带来更多、更好的作品。

唐亚顺　赵俊峰

#

一、兵类 ………………………………… 1
二、炮类 ………………………………… 5
三、马类 ………………………………… 8
四、车类 ………………………………… 11
五、炮兵类 ……………………………… 14
六、马兵类 ……………………………… 29
七、车兵类 ……………………………… 41
八、马炮类 ……………………………… 54
九、车炮类 ……………………………… 61
十、车马类 ……………………………… 79
十一、马炮兵类 ………………………… 93
十二、车炮兵类 ………………………… 102
十三、车马兵类 ………………………… 121
十四、车马炮类 ………………………… 129
十五、车马炮兵类 ……………………… 146
参考答案 ………………………………… 155

一、兵类

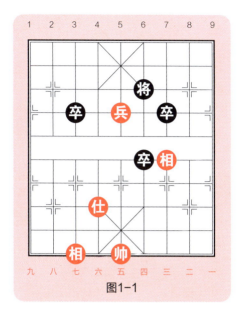

图 1-1

图 1-2

说明：本书全部习题，均为红先。

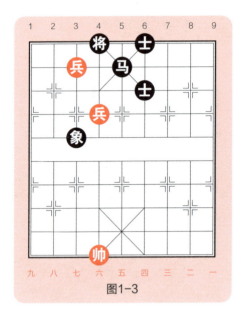

图1-3

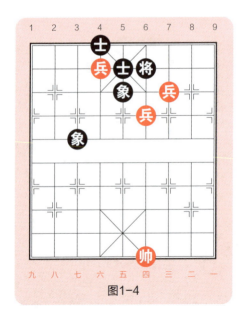

图1-4

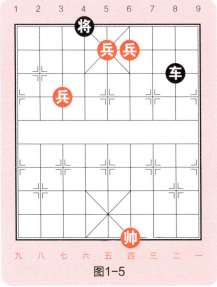

图1-5

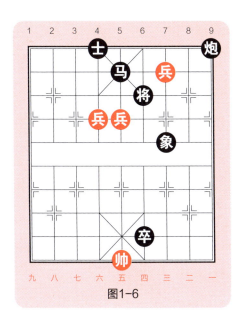

图1-6

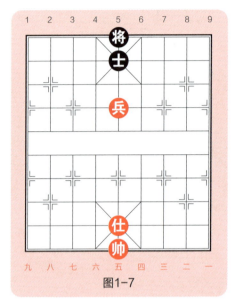

图1-7

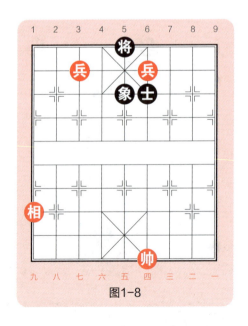

图1-8

二、炮类

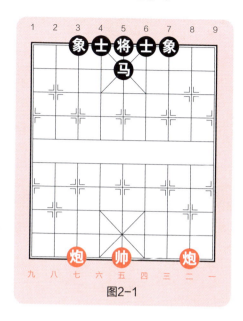

图2-1

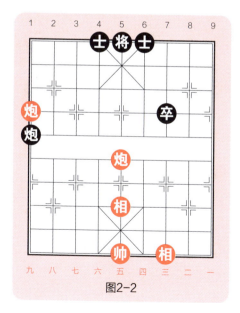

图2-2

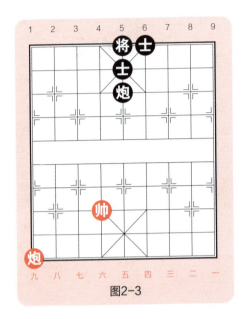

图2-3

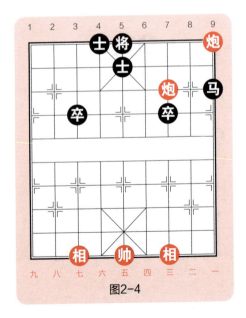

图2-4

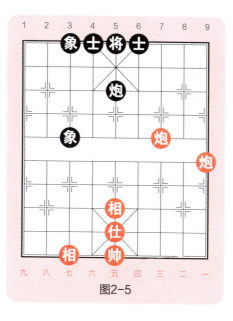

图2-5

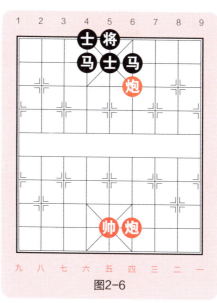

图2-6

炮类

三、马类

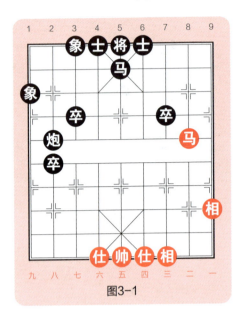

图3-1

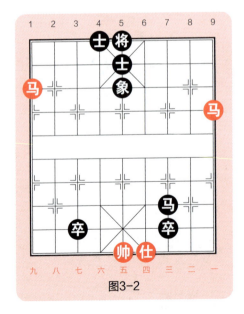

图3-2

马类

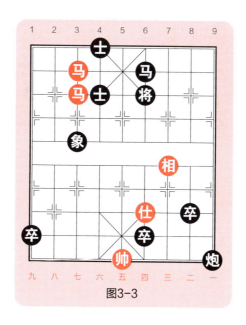

图3-3

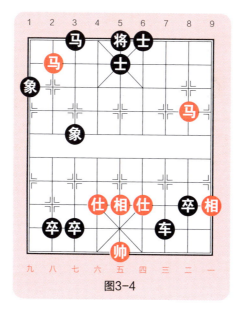

图3-4

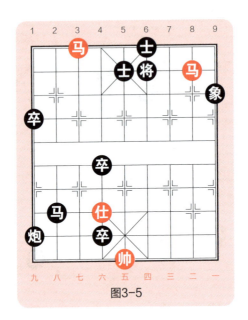

图3-5

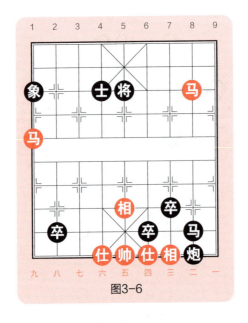

图3-6

四、车类

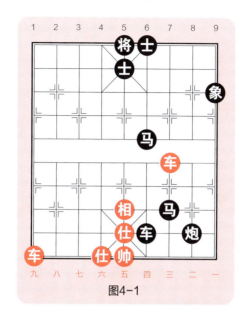

图4-1

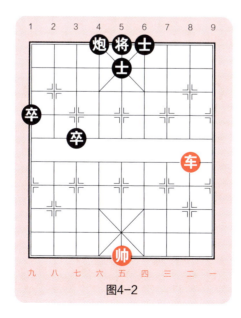

图4-2

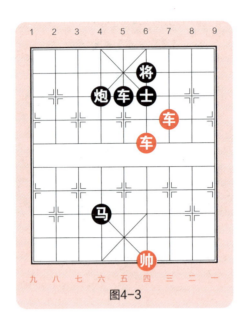

图4-3

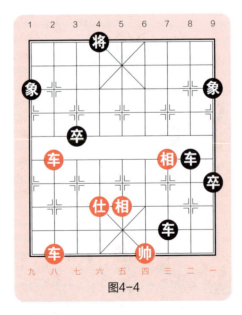

图4-4

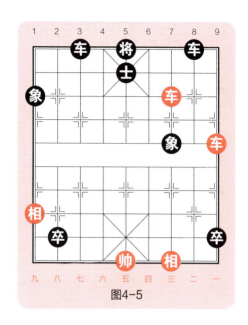

图4-5

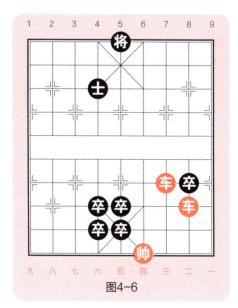

图4-6

车类

五、炮兵类

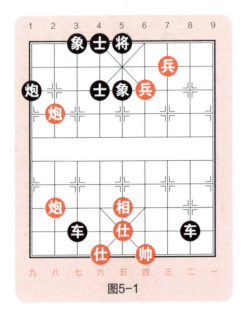

图5-1

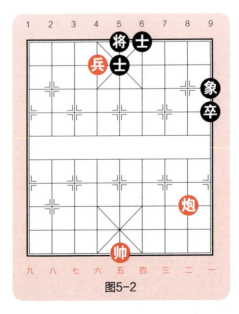

图5-2

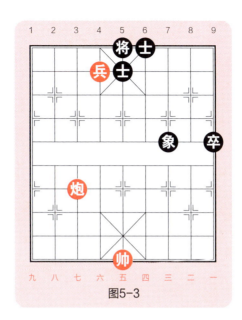

图5-3

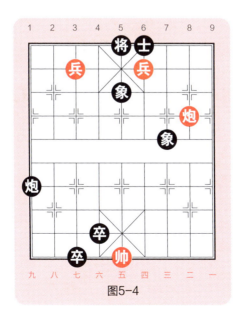

图5-4

炮兵类

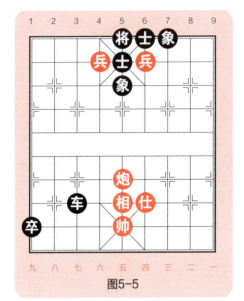

图5-5

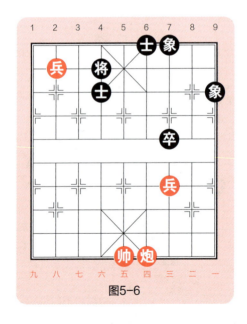

图5-6

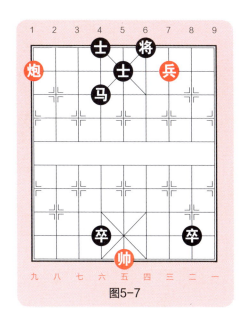

图5-7

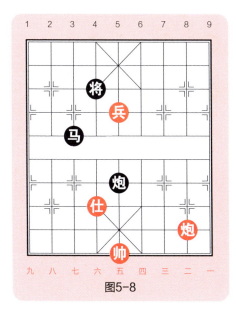

图5-8

炮兵类

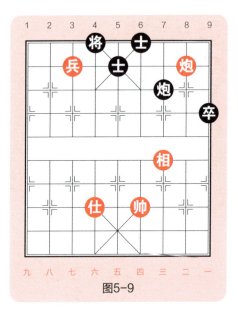

图5-9

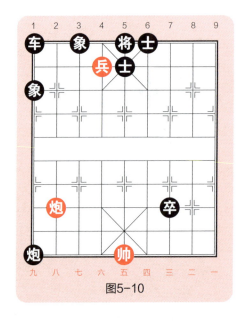

图5-10

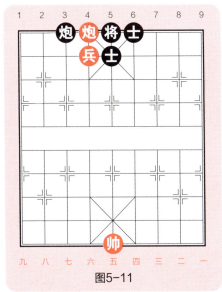

图5-11

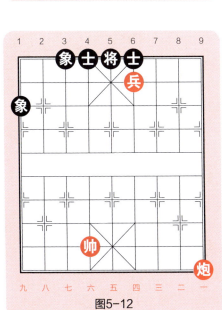

图5-12

炮兵类

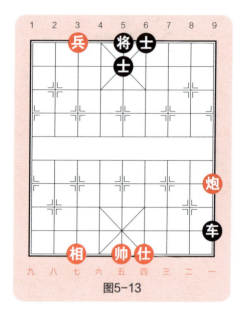

图 5-13

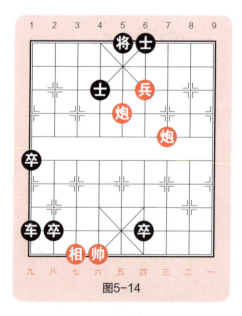

图 5-14

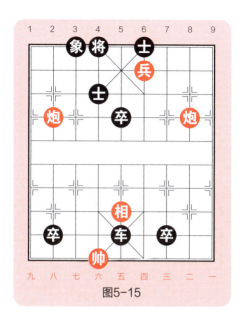

图5-15

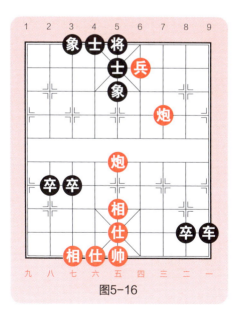

图5-16

炮兵类

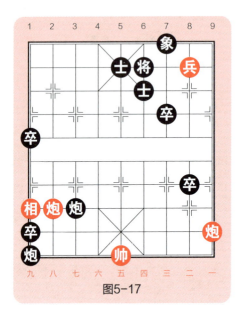

图5-17

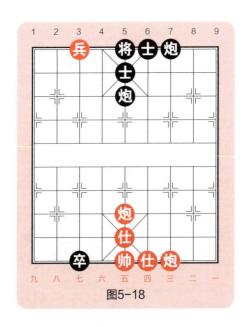

图5-18

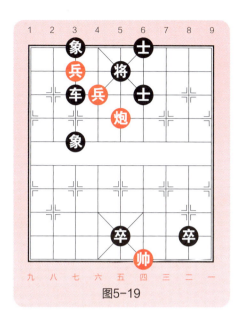

图5-19

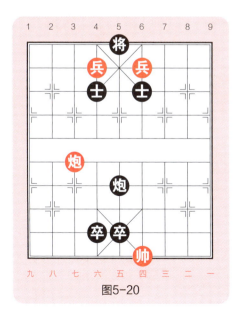

图5-20

炮兵类

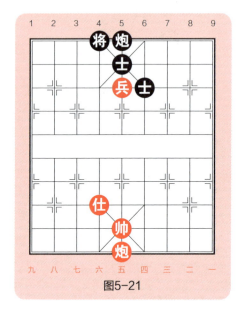

图5-21

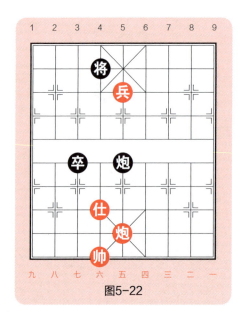

图5-22

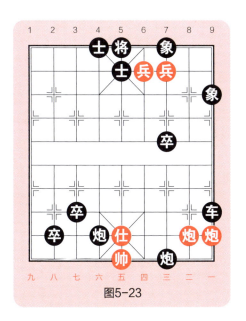

图5-23

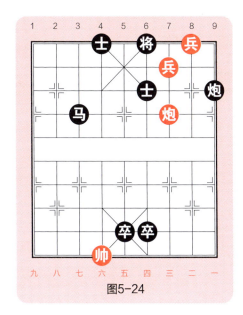

图5-24

炮兵类

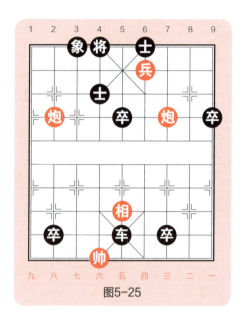

图5-25

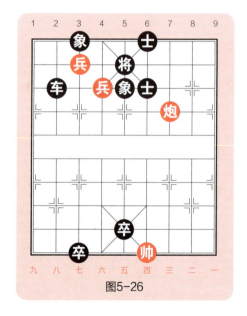

图5-26

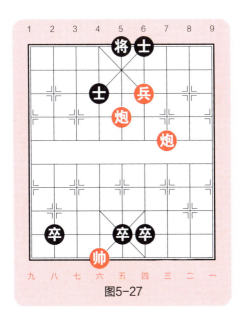

图5-27

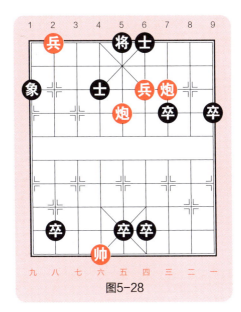

图5-28

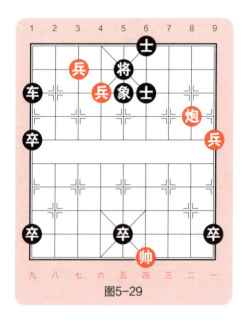

图5-29

六、马兵类

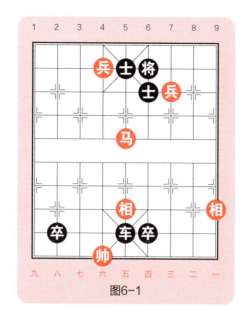

图6-1

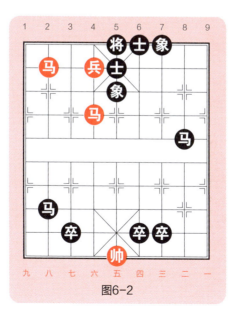

图6-2

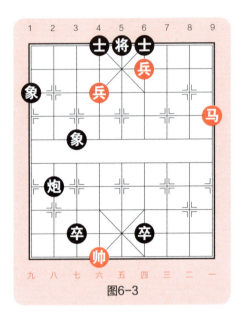

图6-3

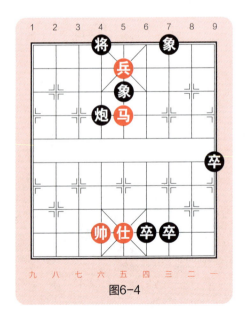

图6-4

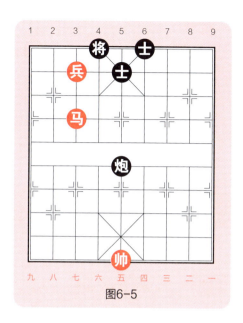

图6-5

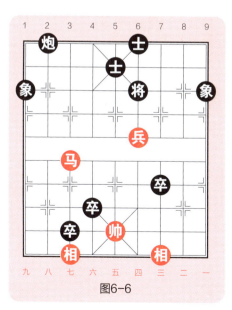

图6-6

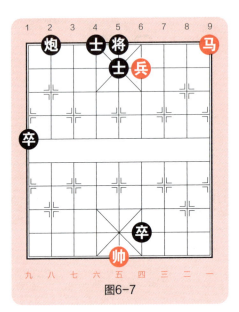

图6-7

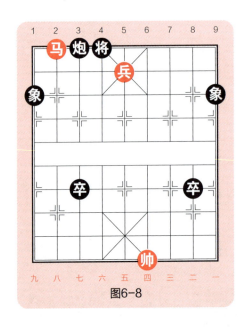

图6-8

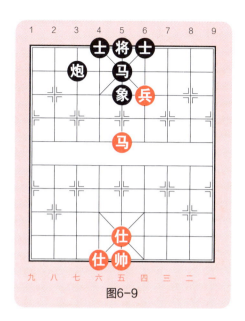

图6-9

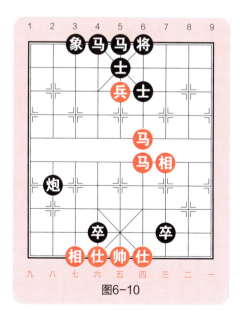

图6-10

马兵类

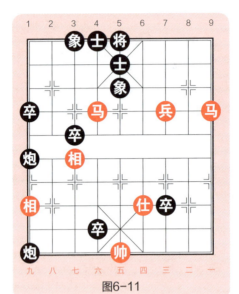

图6-11

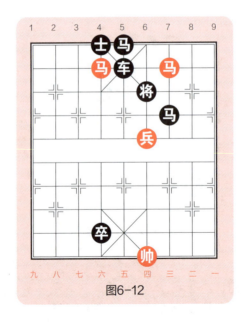

图6-12

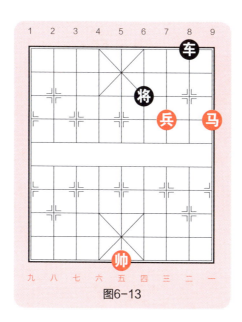

图6-13

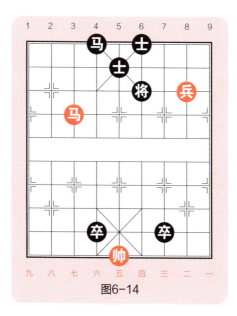

图6-14

图6-15

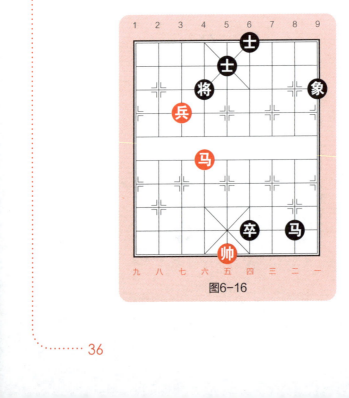

图6-16

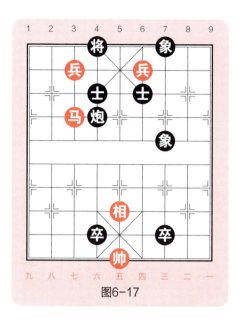

图6-17

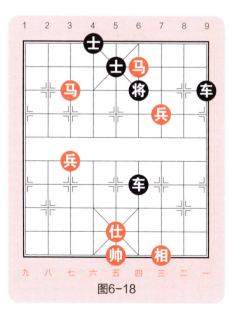

图6-18

马兵类

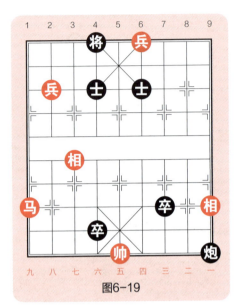

图6-19

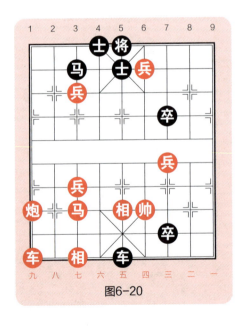

图6-20

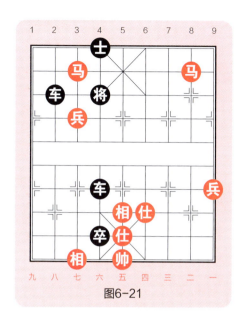

图6-21

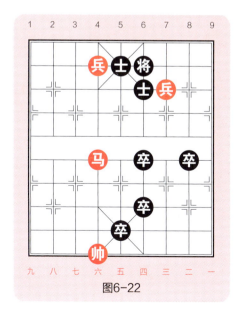

图6-22

马兵类

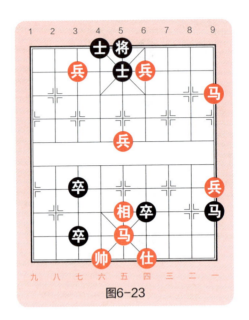

图6-23

七、车兵类

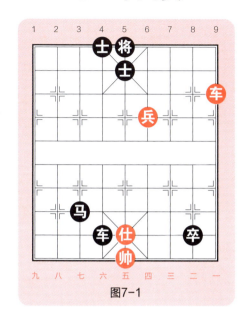

图7-1

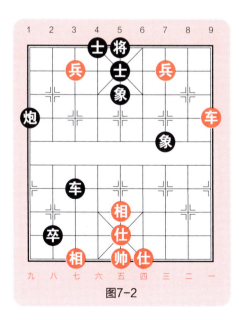

图7-2

图7-3

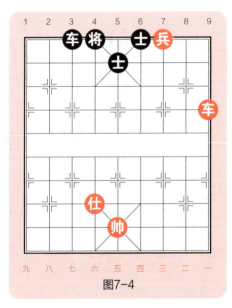

图7-4

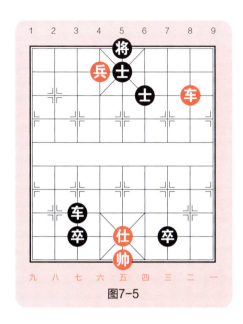

图7-5

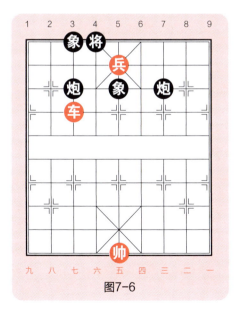

图7-6

车兵类

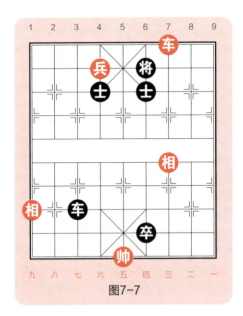

图7-7

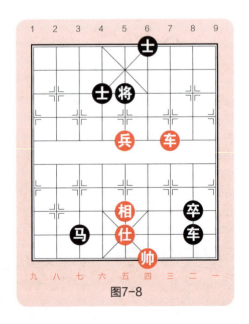

图7-8

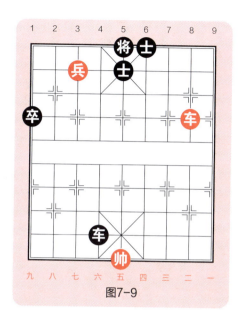

图7-9

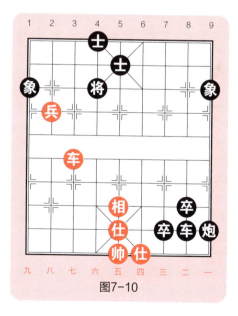

图7-10

车兵类

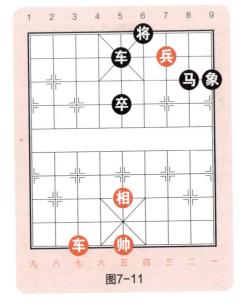

图7-11

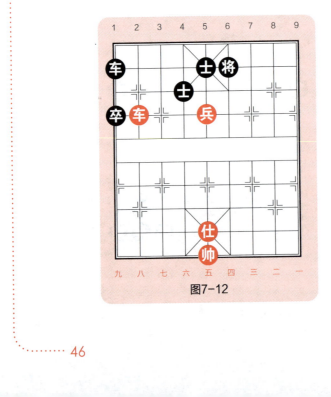

图7-12

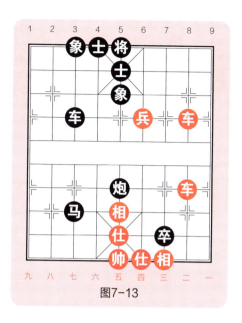

图7-13

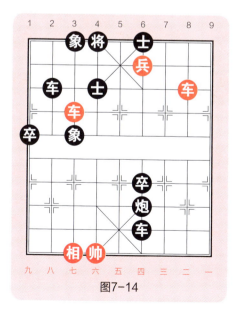

图7-14

车兵类

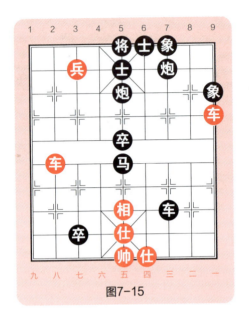

图 7-15

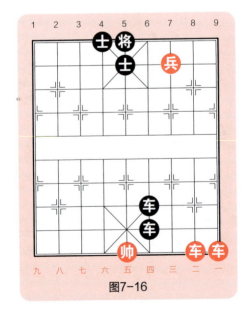

图 7-16

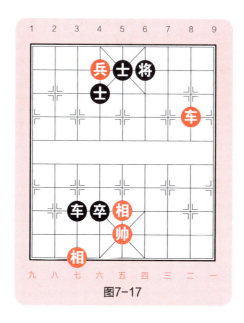

图7-17

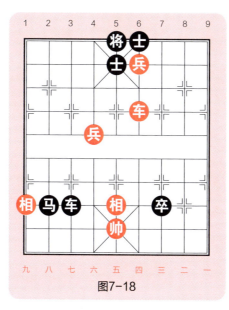

图7-18

车兵类

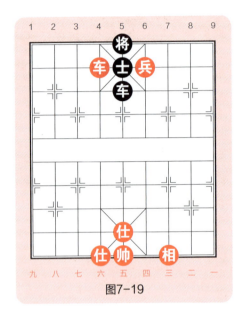

图7-19

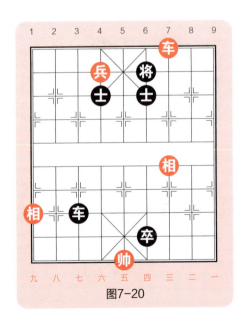

图7-20

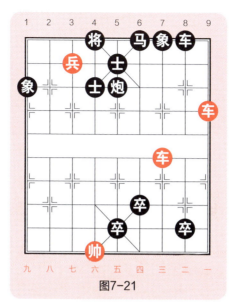

图7-21

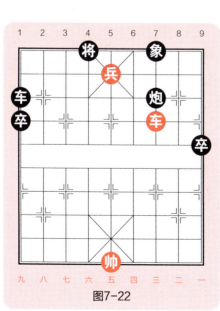

图7-22

车兵类

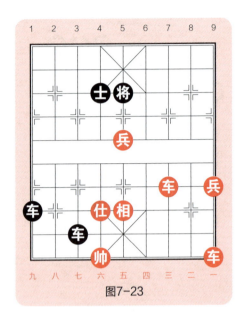

图7-23

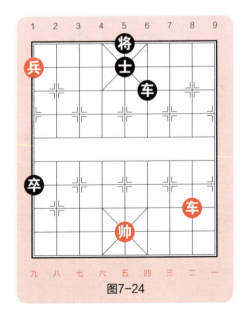

图7-24

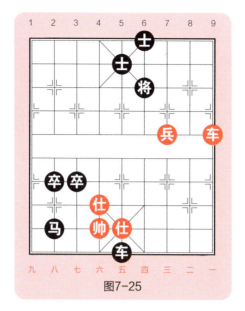

图7-25

八、马炮类

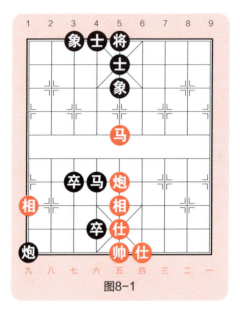

图8-1

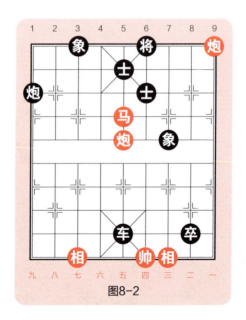

图8-2

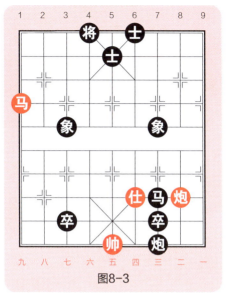

图8-3

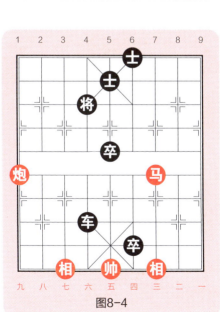

图8-4

马炮类

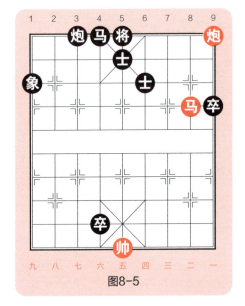

图8-5

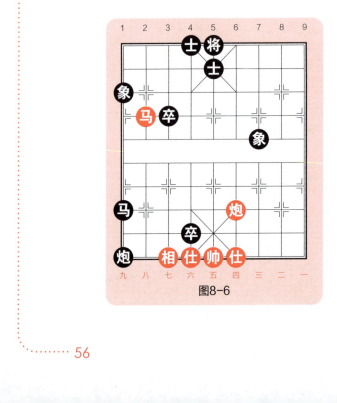

图8-6

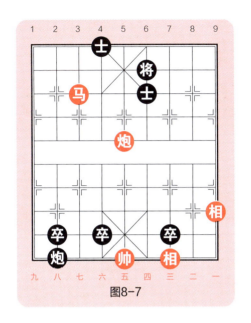

图8-7

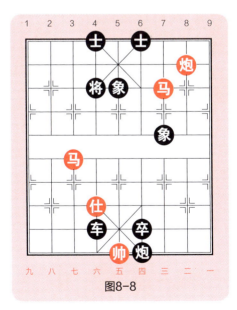

图8-8

马炮类

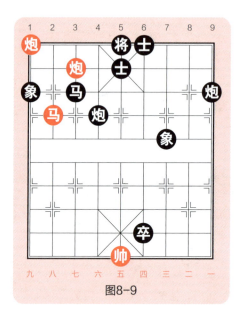

图8-9

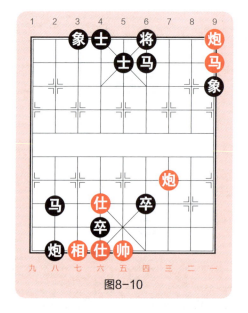

图8-10

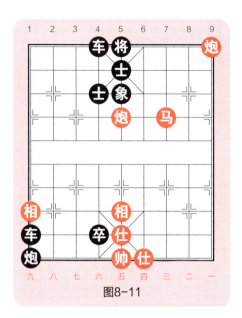

图8-11

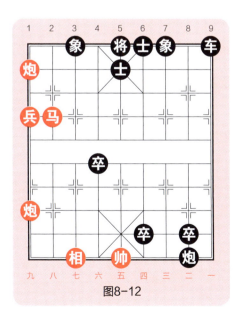

图8-12

马炮类

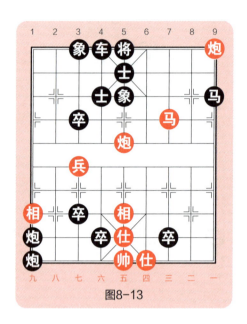

图 8-13

九、车炮类

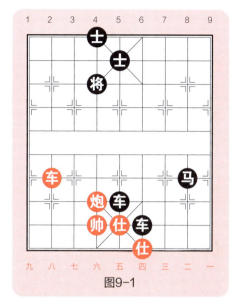

图9-1

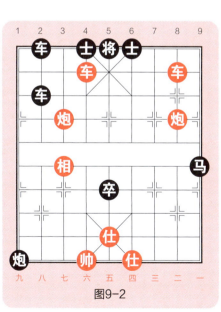

图9-2

车炮类

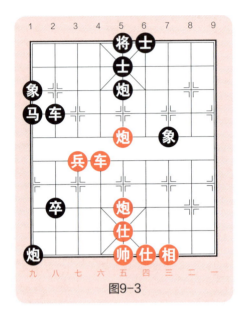

图9-3

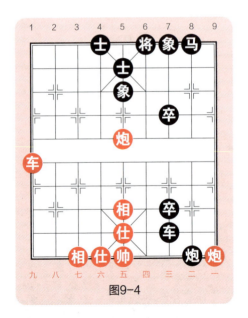

图9-4

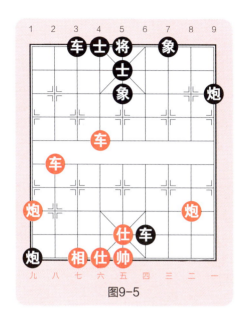

图9-5

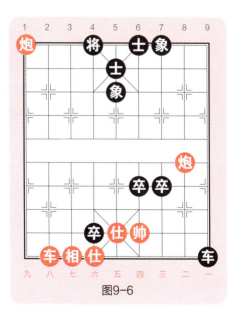

图9-6

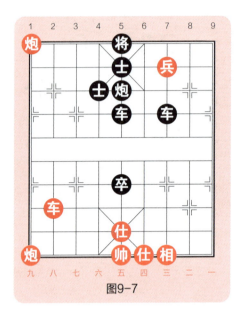

图9-7

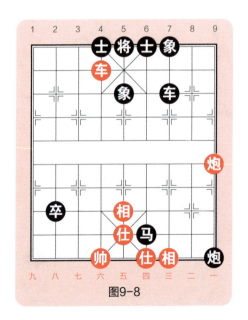

图9-8

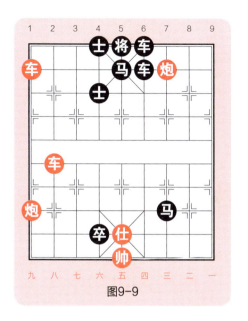

图9-9

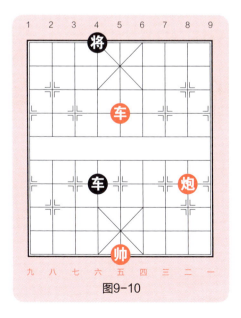

图9-10

车炮类

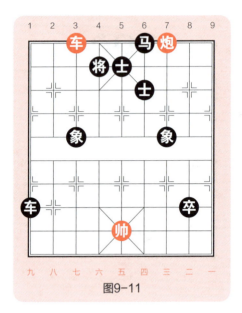

图9-11

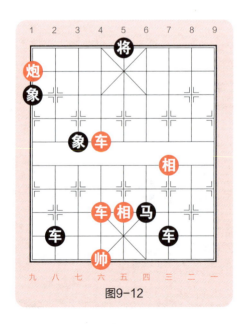

图9-12

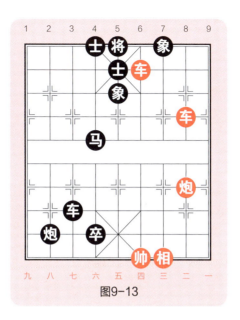

图9-13

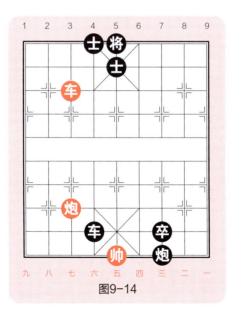

图9-14

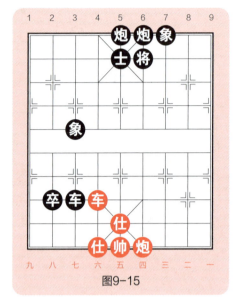

图9-15

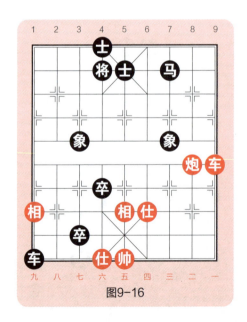

图9-16

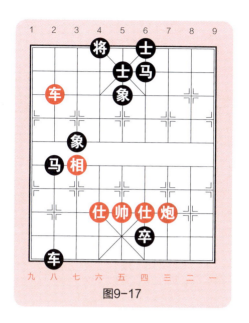

图9-17

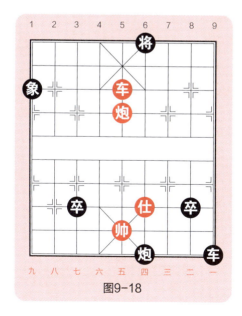

图9-18

车炮类

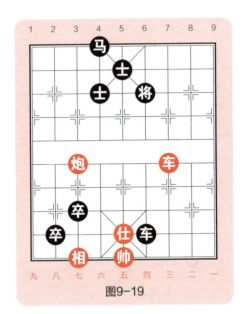

图9-19

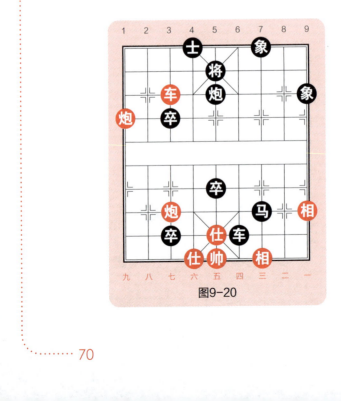

图9-20

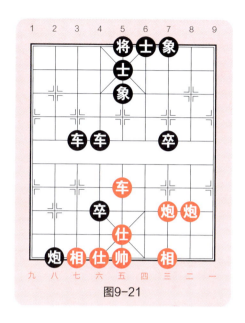

图9-21

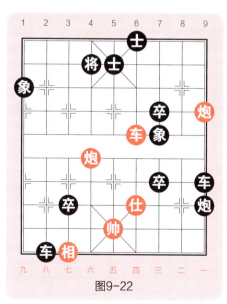

图9-22

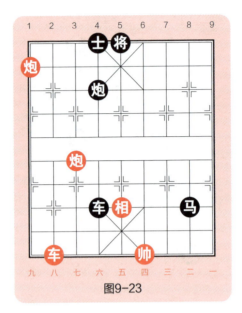

图9-23

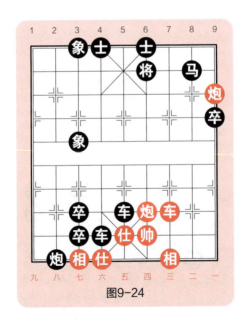

图9-24

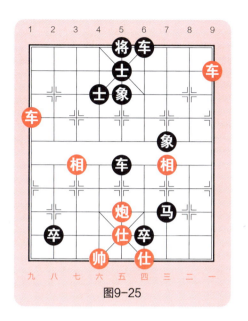

图9-25

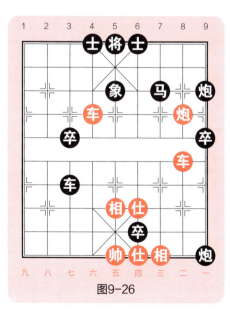

图9-26

车炮类

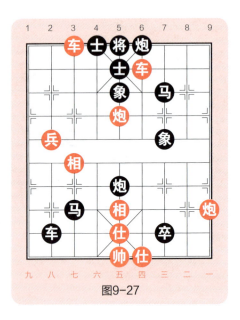

图9-27

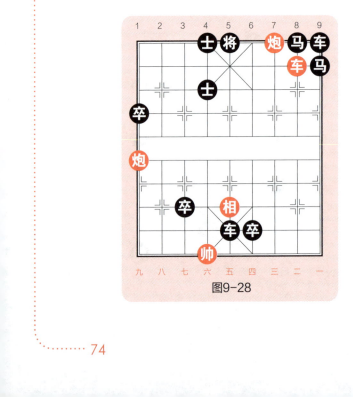

图9-28

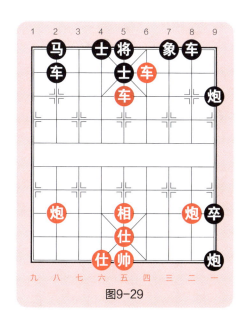

图9-29

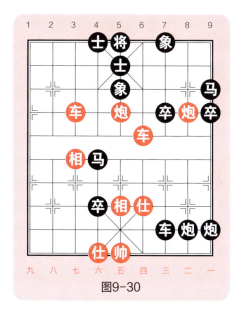

图9-30

车炮类

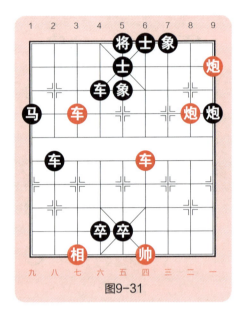

图9-31

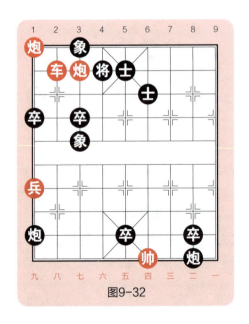

图9-32

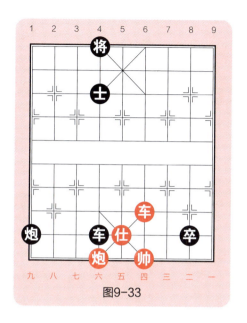

图9-33

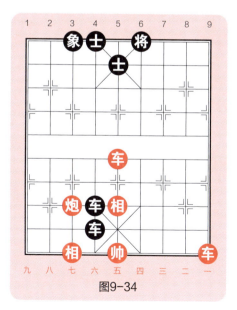

图9-34

车炮类

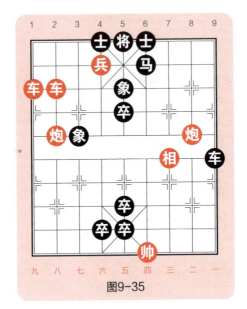

图9-35

十、车马类

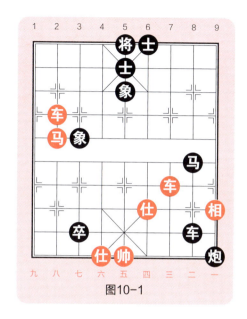

图10-1

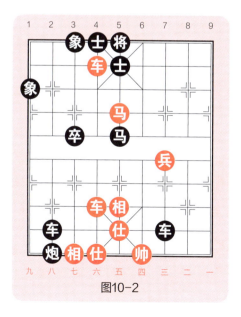

图10-2

车马类

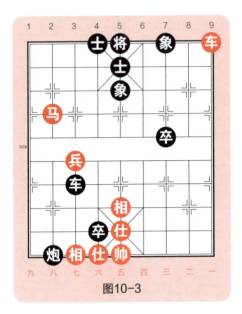

图 10-3

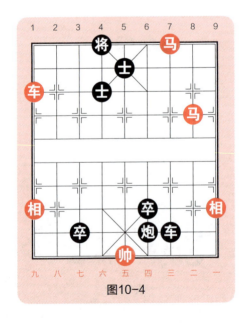

图 10-4

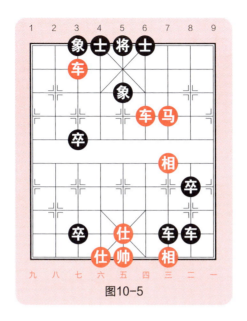

图10-5

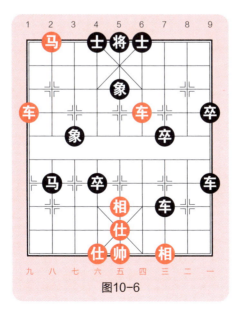

图10-6

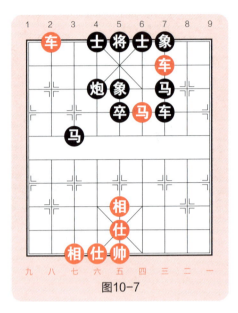

图 10-7

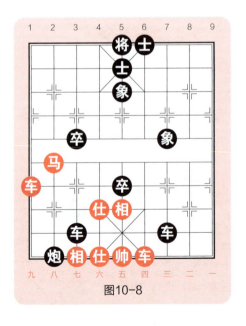

图 10-8

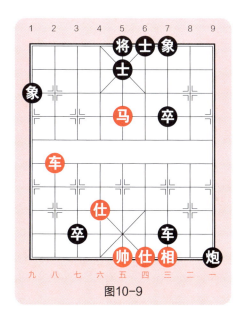

图10-9

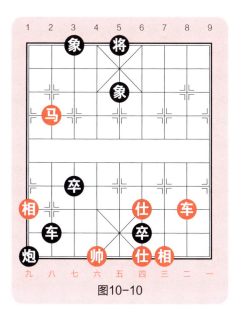

图10-10

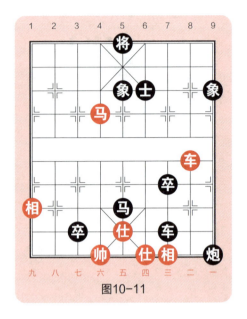

图10-11

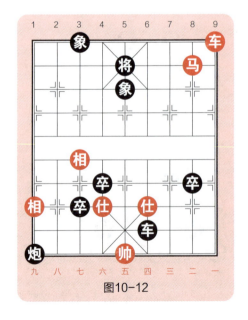

图10-12

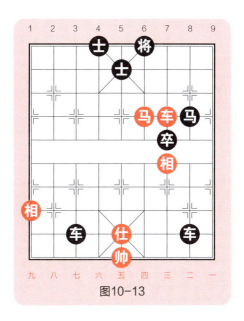

图10-13

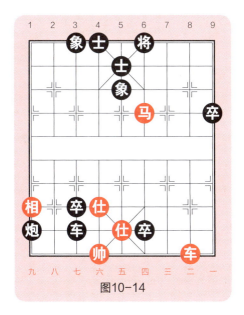

图10-14

车马类

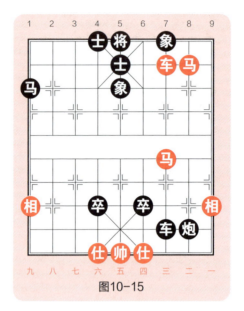

图 10-15

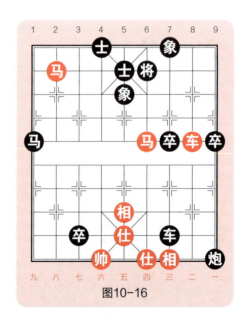

图 10-16

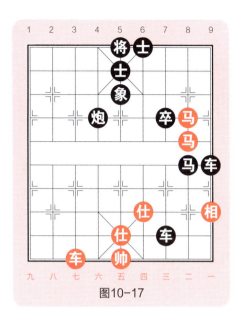

图10-17

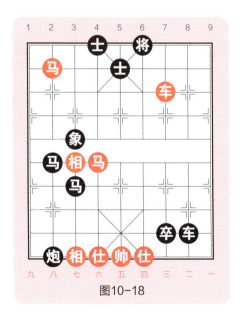

图10-18

车马类

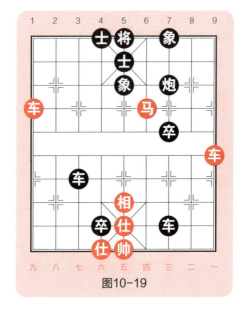

图10-19

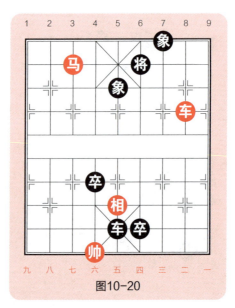

图10-20

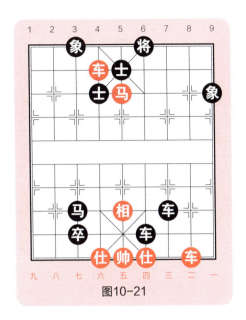

图10-21

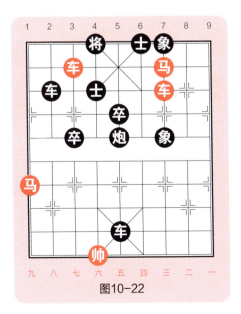

图10-22

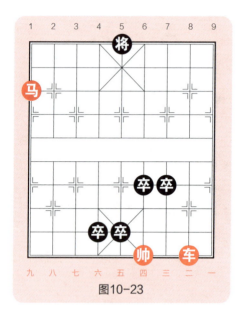

图 10-23

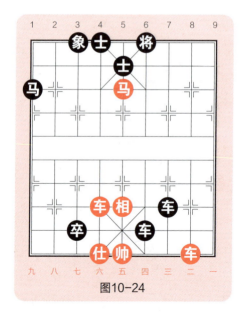

图 10-24

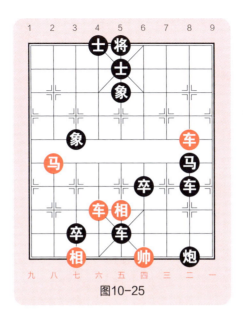

图10-25

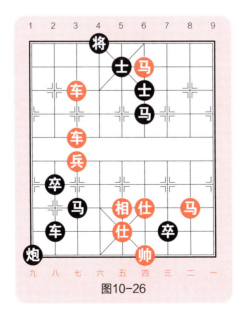

图10-26

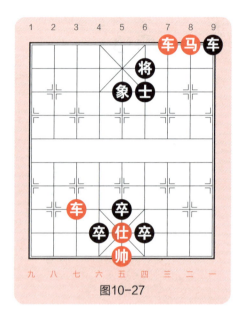

图 10-27

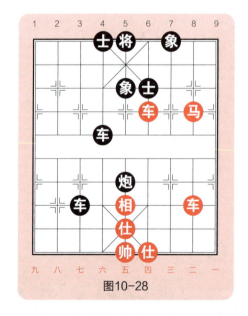

图 10-28

十一、马炮兵类

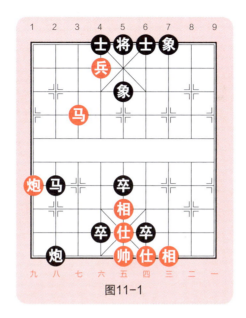

图11-1

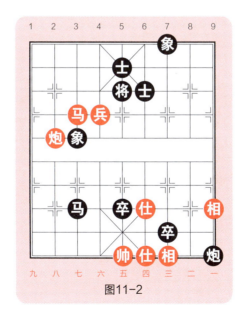

图11-2

马炮兵类

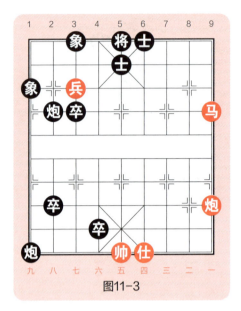

图11-3

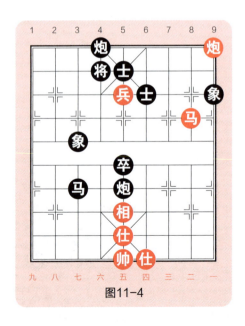

图11-4

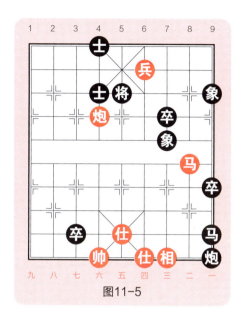

图11-5

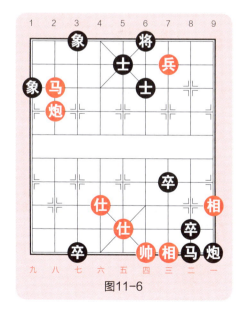

图11-6

马炮兵类

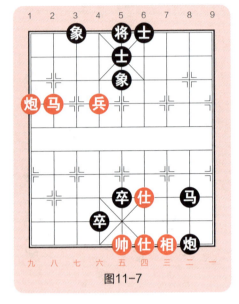

图11-7

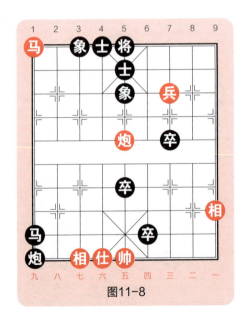

图11-8

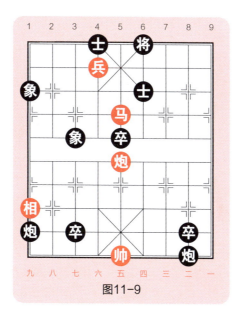

图11-9

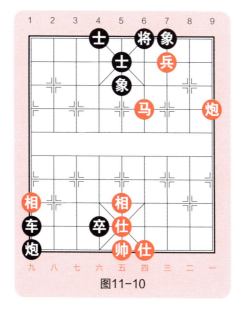

图11-10

马炮兵类

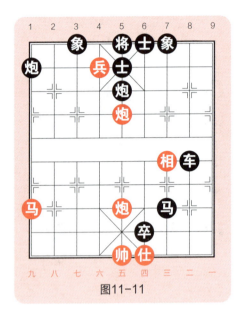

图 11-11

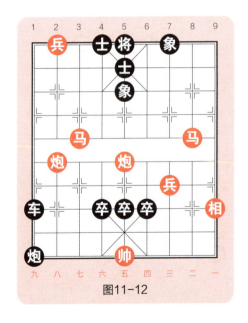

图 11-12

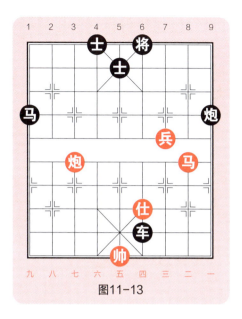

图11-13

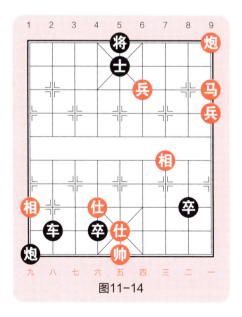

图11-14

马炮兵类

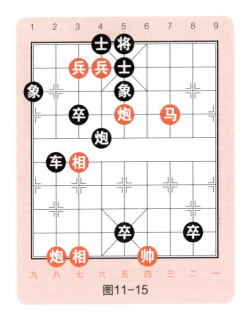

图11-15

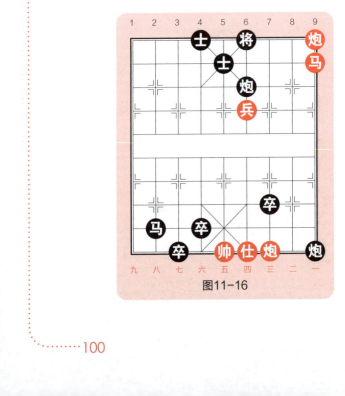

图11-16

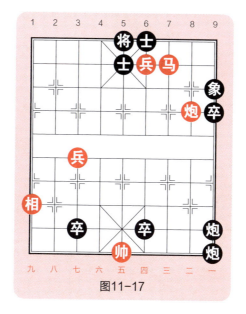

图11-17

马炮兵类

十二、车炮兵类

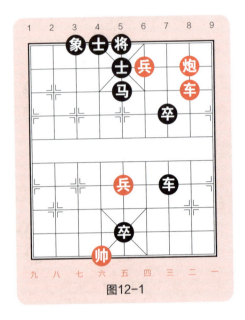

图12-1

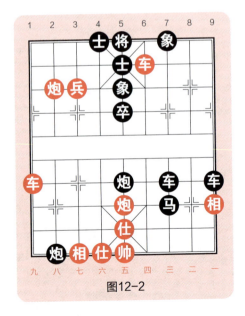

图12-2

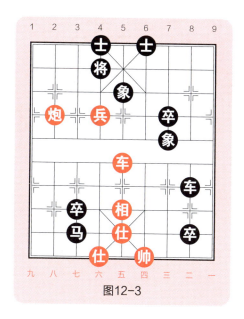

图12-3

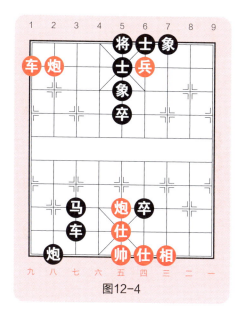

图12-4

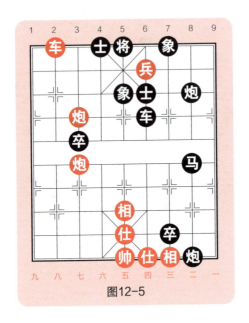

图12-5

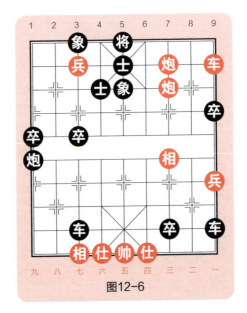

图12-6

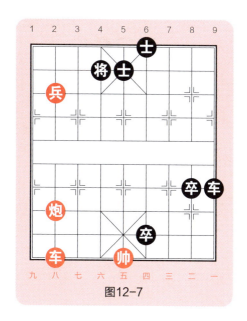

图12-7

图12-8

车炮兵类

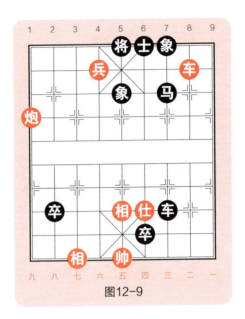

图12-9

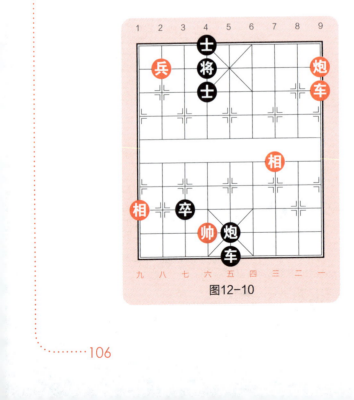

图12-10

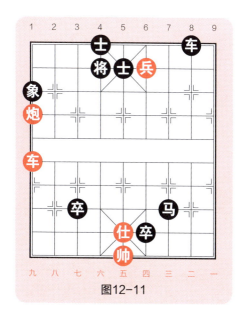

图12-11

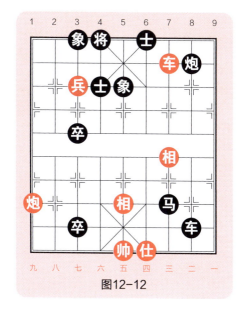

图12-12

车炮兵类

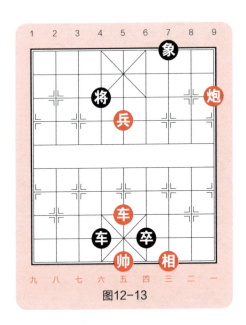

图12-13

图12-14

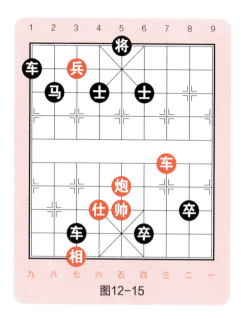

图12-15

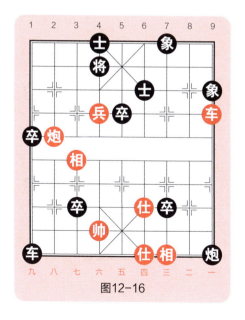

图12-16

车炮兵类

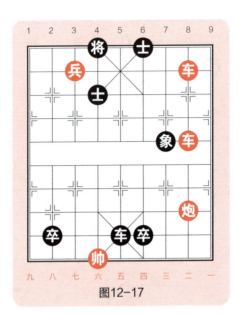

图12-17

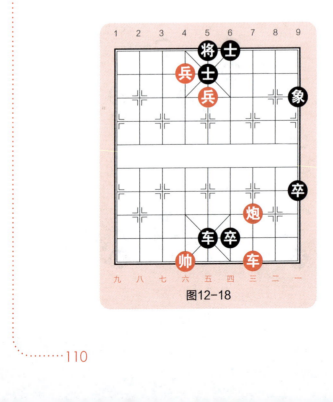

图12-18

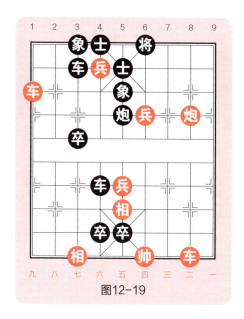

图12-19

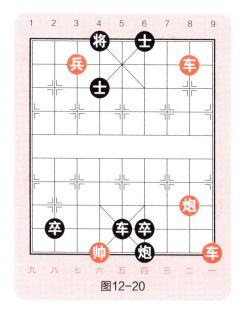

图12-20

车炮兵类

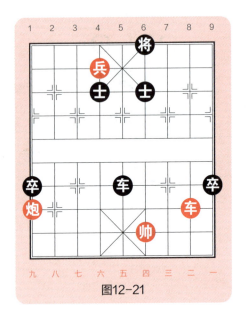

图 12-21

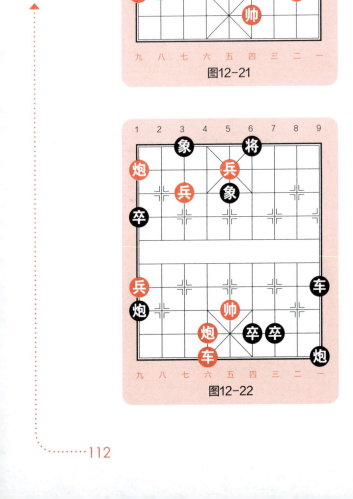

图 12-22

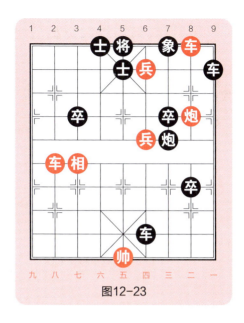

图12-23

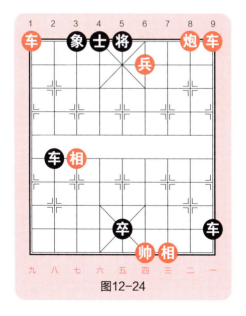

图12-24

车炮兵类

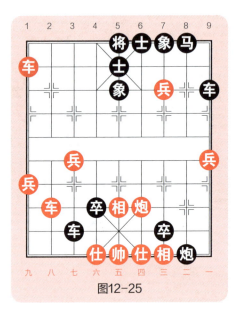

图12-25

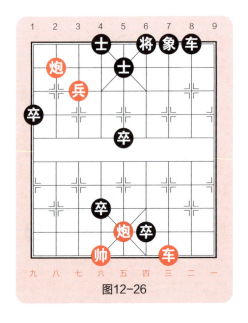

图12-26

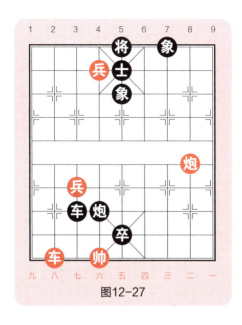

图12-27

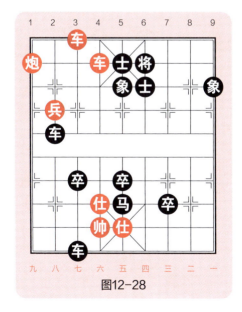

图12-28

车炮兵类

图12-29

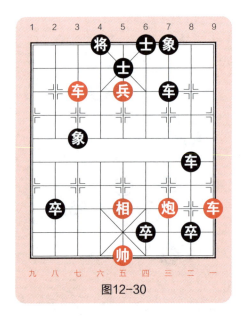

图12-30

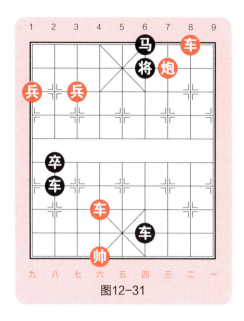

图12-31

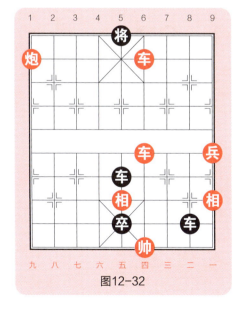

图12-32

车炮兵类

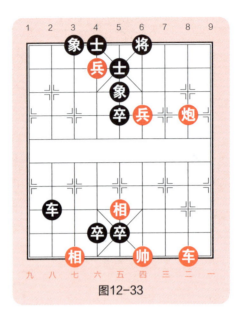

图12-33

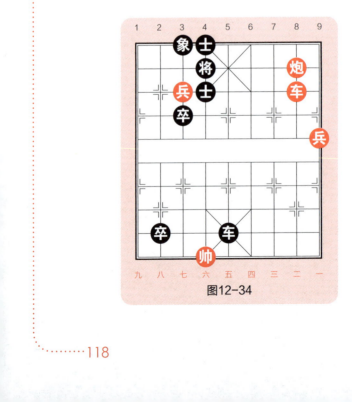

图12-34

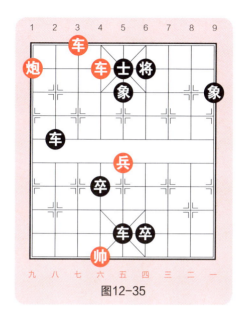

图12-35

图12-36

车炮兵类

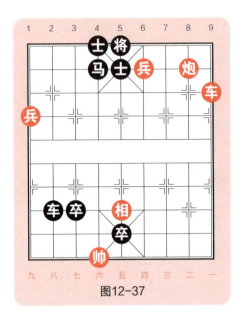

图12-37

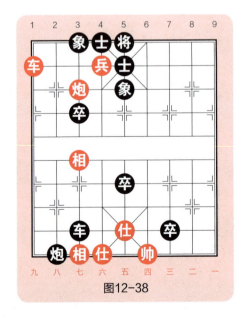

图12-38

十三、车马兵类

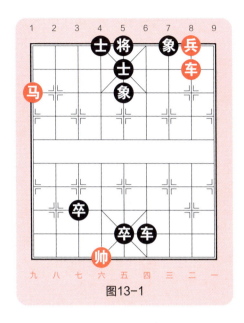

图13-1

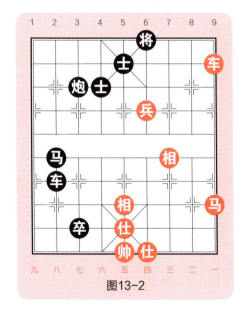

图13-2

车马兵类

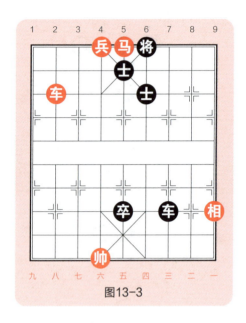

图 13-3

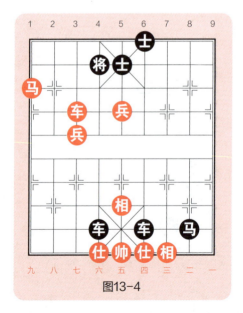

图 13-4

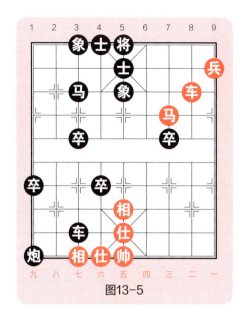

图13-5

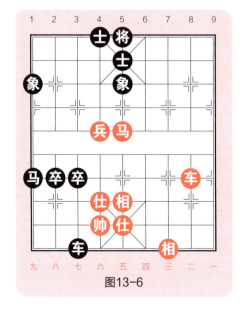

图13-6

车马兵类

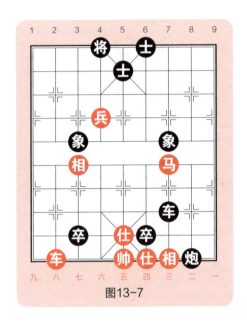

图 13-7

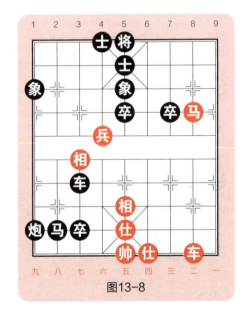

图 13-8

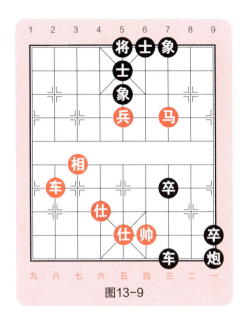

图13-9

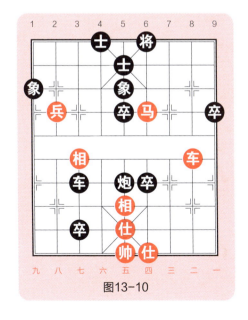

图13-10

车马兵类

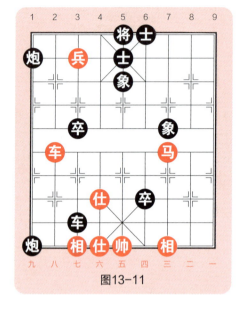

图13-11

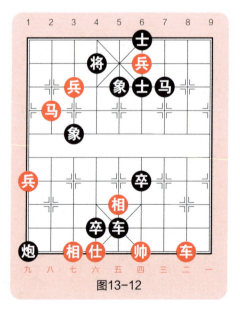

图13-12

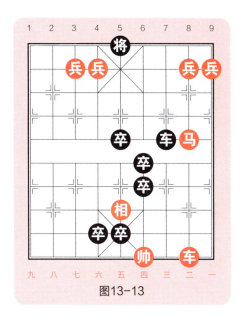

图13-13

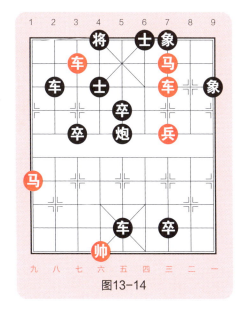

图13-14

车马兵类

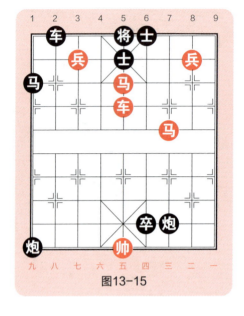

图13-15

十四、车马炮类

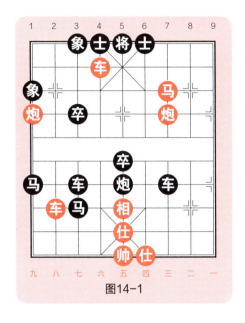

图14-1

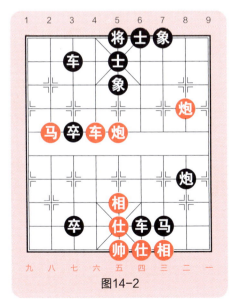

图14-2

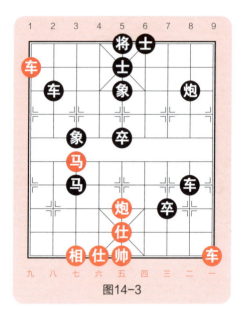

图14-3

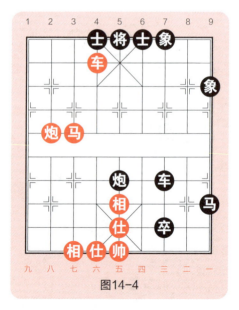

图14-4

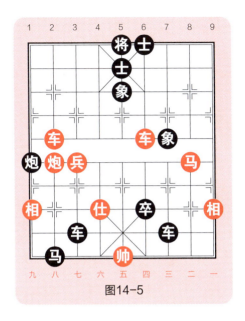

图14-5

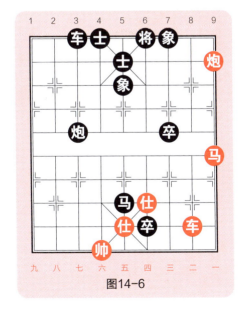

图14-6

车马炮类

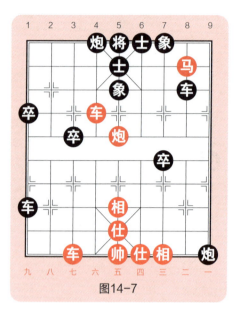

图14-7

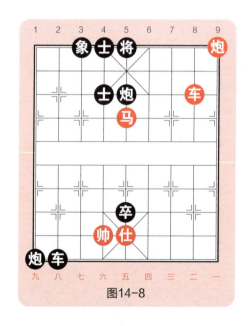

图14-8

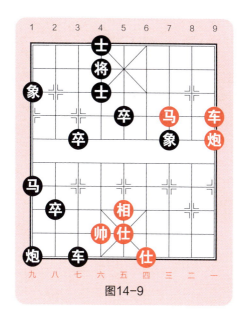

图14-9

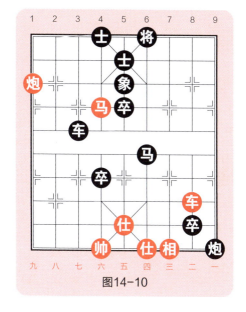

图14-10

车马炮类

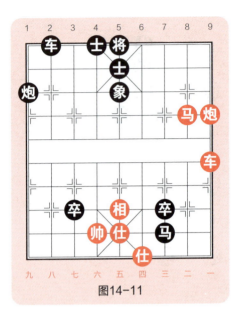

图 14-11

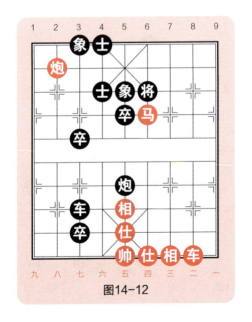

图 14-12

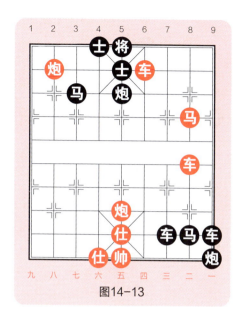

图14-13

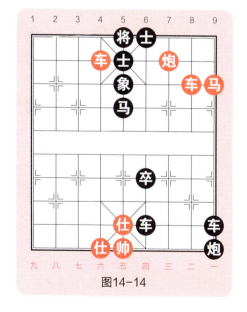

图14-14

车马炮类

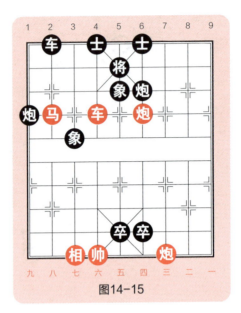

图 14-15

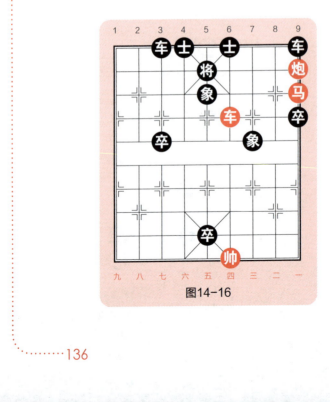

图 14-16

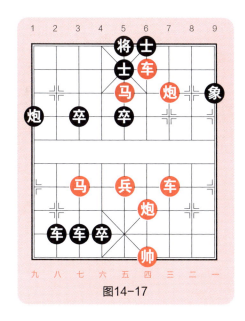

图14-17

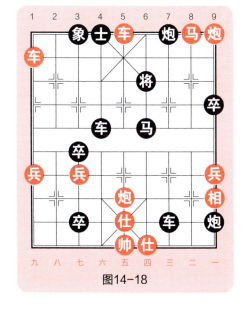

图14-18

车马炮类

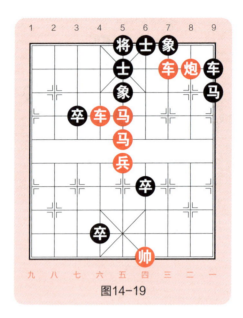

图14-19

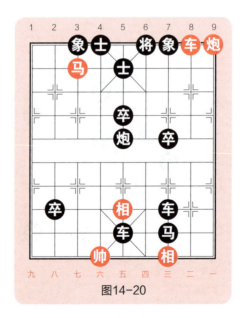

图14-20

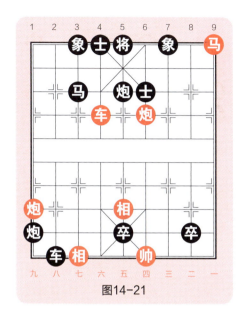

图14-21

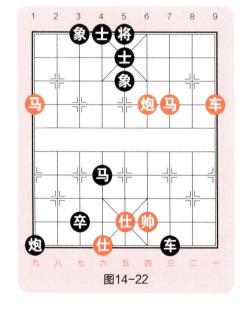

图14-22

车马炮类

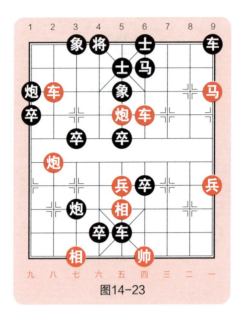

图14-23

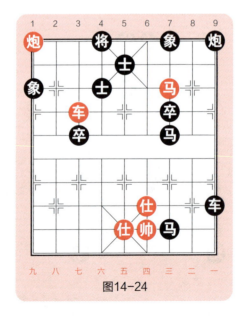

图14-24

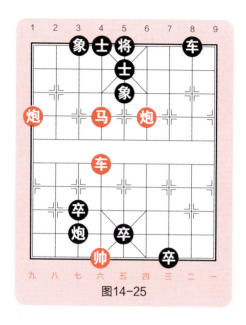

图14-25

图14-26

车马炮类

图14-27

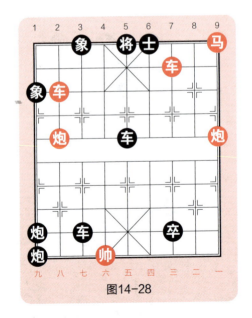

图14-28

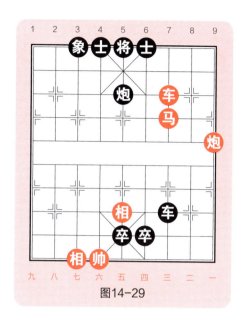

图14-29

图14-30

车马炮类

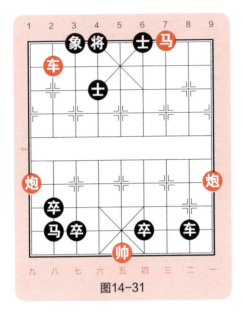

图14-31

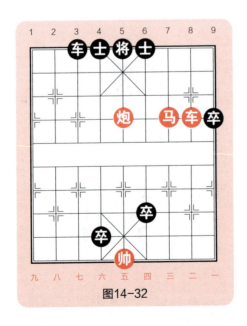

图14-32

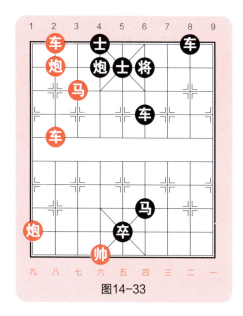

图14-33

十五、车马炮兵类

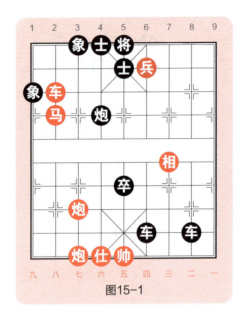

图15-1

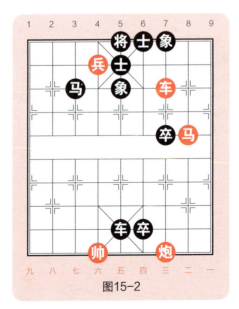

图15-2

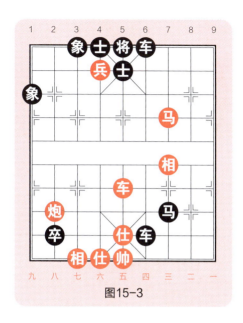

图15-3

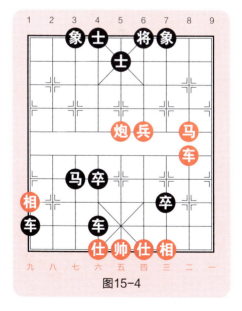

图15-4

车马炮兵类

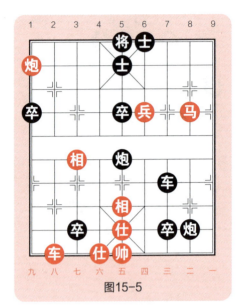

图15-5

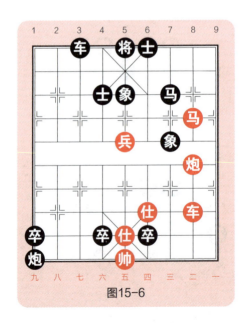

图15-6

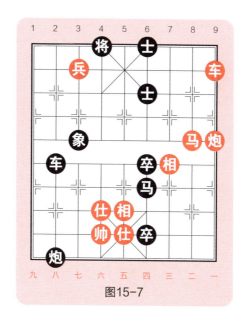

图15-7

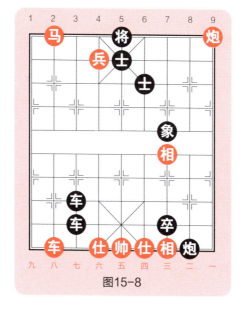

图15-8

车马炮兵类

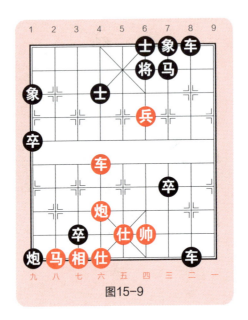

图15-9

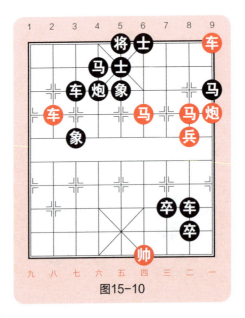

图15-10

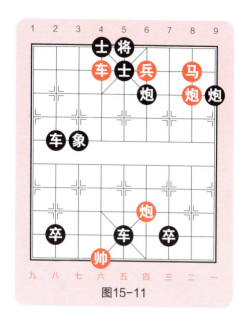

图15-11

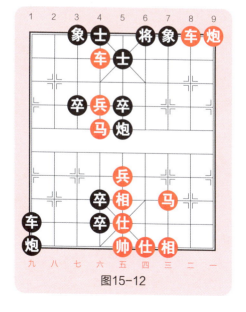

图15-12

车马炮兵类

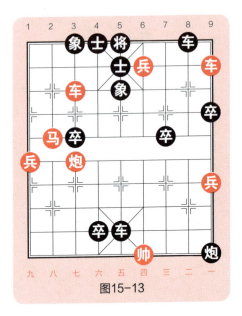

图15-13

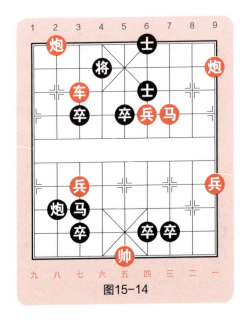

图15-14

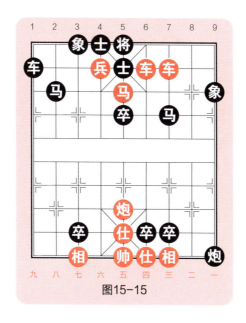

图15-15

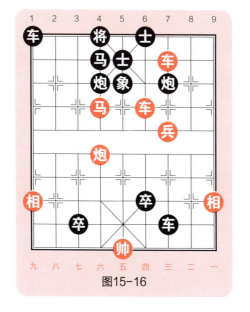

图15-16

车马炮兵类

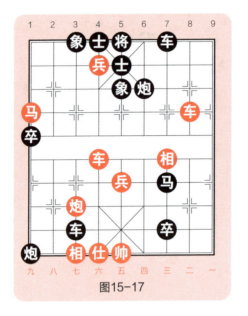

图 15-17

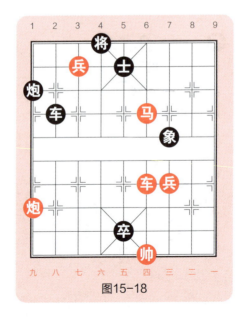

图 15-18

参考答案

一、兵类答案

图1-1

①兵五进一　将6退1

②帅五平四　卒7进1

③相三退一　卒3进1

④相七进九　卒6进1

⑤仕六退五　将6退1

⑥兵五进一　卒3进1

⑦相九进七　卒7进1

⑧相一进三　卒6进1

⑨仕五进四（红胜）

图1-2

①兵三平四　将5平4

②兵四平五　象3退1

③兵七平六　马5退4

④兵五进一（红胜）

图1-3

①兵七平六　将4平5

②帅六平五　象3退1

③前兵平七　象1进3

④帅五进一　象3退1

⑤兵六进一　象1进3

⑥兵六进一　象3退1

⑦帅五进一　象1进3

⑧兵七进一　象3退5

⑨兵七平六（红胜）

图1-4

①兵四进一　将6退1

②兵四进一　将6平5

③兵三进一　士5进6

④帅四平五　象3退1

⑤帅五平六　士4进5

⑥兵四平五　士6退5

⑦兵三平四　士5进4

⑧帅六平五　象1进3

⑨帅五平四（红胜）

图1-5

①兵七平六　车8平5

②帅四进一　车5平1

③帅四平五　车1平5

④帅五平六　车5进1

⑤兵六进一　车5平4

⑥帅六平五　车4退1

⑦兵五进一　将4进1

⑧兵四平五（红胜）

图1-6

①兵六进一　炮9平5

②兵六平五　炮5进2

③兵五平四（红胜）

图1-7

①兵五进一　士5退6

②兵五平六　将5进1

③帅五平四　将5退1

④兵六进一　士6进5

⑤仕五退六　士5进6

⑥帅四进一　士6退5

⑦帅四平五　将5平6

⑧兵六平五（红胜）

图1-8

①兵七平六　象5进3

②相九进七　象3退1

③相七退五　象1进3

④帅四平五　象3退5

⑤帅五平六　象5进7

⑥兵六进一（红胜）

二、炮类答案

图2-1

① 炮七进二　象3进5

② 炮七平五　象7进9

③ 炮二进九　象9退7

④ 帅五进一（红胜）

图2-2

① 炮九平五　炮1平5

② 前炮进二　卒7进1

③ 相三进一　士6进5

④ 帅五平四　卒7进1

⑤ 相一进三（红胜）

图2-3

① 炮九平五　炮5进6

② 帅六退一　炮5退1

③ 炮五进一　炮5退1

④ 炮五进一　炮5退1

⑤ 炮五进一　炮5退1

⑥ 炮五进一　炮5退1

⑦ 炮五进一　炮5退1

⑧ 炮五进一（红胜）

图2-4

① 炮三进二　马9退8

② 炮三平四　卒7进1

③ 相三进一　卒3进1

④ 相七进九　卒3进1

⑤ 相九进七　卒7进1

⑥ 相一进三（红胜）

图2-5

① 炮三平五　士6进5

② 帅五平四　炮5进1

③ 炮一平五　炮5退1

④ 前炮进一　象3退1

⑤ 后炮平七　象1进3

⑥ 炮七进五（红胜）

图2-6

① 前炮平七　马4进2

② 炮四进六　马2退3

③ 炮七进一　马6进8

④炮四平七　马3进1　　⑤前炮平八（红胜）

三、马类答案

图3-1

　①马二进四　炮2退3

　②马四进六　炮2平4

　③马六退八　卒2平3

　④马八进七　前卒平4

　⑤马七退六　卒4平5

　⑥马六进四（红胜）

图3-2

　①马九进七　将5平6

　②马一进二　将6进1

　③马二退三　将6退1

　④马七退五　卒7平6

　⑤马三进二　将6进1

　⑥马五退三（红胜）

图3-3

　①前马进五　士4进5

　②马五退三　炮9平8

　③马七进八　卒1平2

　④马八退六　卒2平3

　⑤马六退八　卒3平4

　⑥马八退六（红胜）

图3-4

　①相五进三　马3进4

　②马八退六　将5平4

　③马六进八　将4进1

　④马二退四　卒3平4

　⑤马四进六　卒4平5

　⑥仕六退五　士5进6

　⑦仕五进六　车7退2

　⑧马六进八（红胜）

图3-5

　①马二退三　将6进1

　②马七退八　马2退3

　③马三进二　将6退1

④马八退七　象9进7

⑤马七进五　象7退5

⑥马二退三　将6进1

⑦马五进三　象5退7

⑧前马退一　象7进9

⑨马三进一　后卒平5

⑩前马退三　马3进4

⑪马一进二（红胜）

图3-6

①马二进三　士4退5

②马九进七　将5平4

③马三退五　炮8平6

④相五进三　卒2平3

⑤马七进八　将4退1

⑥马五退六　卒6平5

⑦帅五进一　卒3平4

⑧帅五退一　马8退6

⑨帅五平四　马6退7

⑩马八退七　将4进1

⑪马六进四　马7退6

⑫帅四平五　象1进3

⑬马七进八（红胜）

四、车类答案

图4-1

①车三平五　将5平4

②车九进九　将4进1

③车五平八　炮8退6

④车八进三　马6退4

⑤车九退一　马4退3

⑥车九平七　将4退1

⑦车八进二（红胜）

图4-2

①车二平八　卒1进1

②帅五进一　炮4进2

③车八进五　炮4退2

④车八平七　卒1进1

⑤车七退四　卒1平2

159

⑥车七进四　卒2进1

⑦帅五进一　卒2进1

⑧帅五退一　卒2进1

⑨帅五进一　卒2进1

⑩帅五退一　卒2平1

⑪车七平八　卒1平2

⑫车八退九　炮4进2

⑬车八进九　炮4退2

⑭帅五退一（红胜）

图4-3

①车三进二　将6退1

②车三平五　车5退1

③车四进二　车5平6

④车四进一　将6平5

⑤车四平六（红方胜定）

图4-4

①前车平六　将4平5

②车八平五　车8进3

③相五退三　车7平5

④仕六退五（红方胜定）

图4-5

①车一平二　车8平6

②车二进三　车3进1

③车三平九　象7退5

④车九平五　车6进8

⑤车二进一　车6退8

⑥车五平九　车3退1

⑦车二退一　车6进8

⑧车二平五　将5平6

⑨相九进七　卒2平3

⑩车九平三　车6进1

⑪帅五进一　卒3平4

⑫帅五平六　车3平4

⑬帅六平五　车6退1

⑭帅五退一　车4进8

⑮车三进二（红胜）

图4-6

①车三平五！将5平4

②车二退一！卒8进1

③车二平一　卒8平7

④车一进八　将4进1

⑤车五平三　士4退5

⑥车一退一（红方胜定）

五、炮兵类答案

图5-1

①前炮平五　士4退5

②兵四进一　车8退8

③炮八进七　车3退7

④兵四平五　车3平5

⑤兵三平四　炮1进7

⑥相五退七　车8进9

⑦帅四进一　炮1退1

⑧仕五进六　车8退1

⑨帅四进一　炮1平6

⑩兵四平五（红胜）

图5-2

①炮二进六　卒9进1

②兵六平七　卒9进1

③兵七进一　卒9平8

④炮二退二　象9退7

⑤炮二平八　象7进5

⑥炮八平五　卒8平7

⑦帅五平六　卒7平6

⑧兵七平六（红胜）

图5-3

①炮七平一　卒9进1

②炮一退一　卒9进1

③炮一退一　卒9进1

④炮一平三　卒9平8

⑤炮三进三　卒8平7

⑥炮三平二　象7退9

⑦炮二进四　卒7平6

⑧帅五进一　卒6平7

⑨兵六平七　卒7平6

⑩兵七进一　卒6平7

⑪炮二退二　象9退7

161

⑫炮二平八　象7进5

⑬炮八平五　卒7平6

⑭帅五平六　卒6平5

⑮兵七平六（红胜）

图5-4

①帅五平四　士6进5

②兵七平六　士5进6

③炮二进三　卒4平5

④兵六平五　士6退5

⑤兵四进一（红胜）

图5-5

①帅五平六　车3退7

②相五进七　卒1平2

③炮五退三　卒2平3

④帅六退一　车3平2

⑤兵六平五　士6进5

⑥兵四平五　将5平6

⑦炮五平四（红胜）

图5-6

①兵八平七　将4退1

②兵七进一　将4进1

③炮四进八　卒7进1

④兵三进一　象9进7

⑤兵三进一　象7进9

⑥兵三平二　象9退7

⑦兵二进一　象7进9

⑧帅五进一　象9退7

⑨兵二进一　象7进9

⑩兵二平一（红胜）

图5-7

①兵三进一　将6平5

②炮九进一　马4退3

③炮九退五　马3进4

④炮九平二　马4进5

⑤炮二平五　卒8平7

⑥帅五平四　卒4平5

⑦兵三平四（红胜）

图5-8

①炮二平六　炮5平4

②兵五进一　将4退1

③仕六退五　炮4平5

④帅五平六　炮5平8

⑤仕五进六　炮8平4

⑥炮六进二　马3进4

⑦仕六退五　将4退1

⑧兵五进一（红胜）

图5-9

①兵七平六　将4平5

②炮二进一　炮7退2

③帅四平五　卒9进1

④兵六平五　将5平4

⑤炮二平四　炮7进3

⑥炮四退九　炮7平4

⑦仕六退五　炮4平5

⑧帅五平四　卒9进1

⑨炮四平六　炮5平3

⑩仕五进六（红胜）

图5-10

①炮八进四　车1平2

②炮八平三　车2进9

③帅五进一　车2退1

④帅五退一　车2平5

⑤帅五进一　炮1平7

⑥炮三平八（红胜）

图5-11

①帅五进一　炮3进2

②炮六平八　炮3平5

③炮八退九　炮5进2

④炮八平三　炮5平7

⑤炮三进四　炮7退1

⑥炮三进一　炮7退1

⑦炮三进一　炮7退1

⑧炮三进一　炮7平4

⑨炮三进二（红胜）

图5-12

①炮一平五　象1进3

②炮五进二　象3退1

③帅六平五　象1进3

④帅五平四　象3退1

⑤炮五平二　士6进5

⑥帅四平五　象1进3

⑦炮二平七　象3退1

⑧炮七进一　象3进5

⑨炮七平五　象1退3

163

⑩ 帅五平四（红胜）

图5-13

① 炮一平九　车9平1
② 炮九退一　车1进1
③ 帅五进一　车1退1
④ 帅五进一　车1进1
⑤ 仕四进五　车1退1
⑥ 仕五退六　车1进1
⑦ 帅五退一　车1退1
⑧ 帅五退一　车1进1
⑨ 炮九平三（红胜）

图5-14

① 兵四进一　将5平4
② 炮三进四　将4进1
③ 炮五平二　卒2平3
④ 炮三退一　将4退1
⑤ 炮二进三　士6进5
⑥ 兵四进一（红胜）

图5-15

① 炮二进三　将4进1
② 炮二退六　将4退1

③ 兵四进一　将4进1
④ 炮二平五　车5平6
⑤ 炮八平六　士4退5
⑥ 炮五平六（红胜）

图5-16

① 帅五平四　车9退8
② 炮三平八　卒8平7
③ 相五退三　卒3平4
④ 炮八进三　卒4平5
⑤ 兵四平五（红胜）

图5-17

① 兵二平三　将6退1
② 兵三进一　将6进1
③ 炮一平四　炮3平6
④ 炮四平七　炮6平3
⑤ 炮八进二　炮3退2
⑥ 相九进七　卒8平7
⑦ 相七退九　士5进4
⑧ 炮七进七　卒7平6
⑨ 炮八进四（红胜）

图5-18

①炮三进四　炮7进1

②炮五进一　炮5进2

③炮三进二　炮5退1

④炮五进一　炮7进1

⑤炮五进一　炮5退1

⑥炮五进一　炮7退1

⑦炮三进一　炮7退1

⑧炮三进一　卒3平2

⑨帅五平六　卒2平3

⑩帅六进一　卒3平2

⑪兵七平六（红胜）

图5-19

①兵七平六　将5平6

②后兵平五　车3平5

③兵六平五　车5退1

④炮五平四（红胜）

图5-20

①炮七平六　士4退5

②炮六平五　士5进4

③兵四平五　将5平6

④兵六进一　士4退5

⑤炮五平四（红胜）

图5-21

①炮五平六　士5进4

②兵五平六　士6退5

③兵六平五　士5进4

④兵五平六　炮5进3

⑤兵六进一　将4平5

⑥炮六平五　将5平6

⑦炮五平六　将6进1

⑧炮五平四　将6进1

⑨兵六平五（红胜）

图5-22

①炮五平六　炮5平4

②炮六进三　卒3平4

③仕六退五　卒4进1

④帅六进一　将4退1

⑤兵五进一　卒4进1

⑥仕五进六（红胜）

图5-23

①仕五进四　车9平8

②炮二平八　卒3平2

③炮八平九　卒2平1

④炮九平七　车8平6

⑤炮七进八（红胜）

图5-24

①兵二平三　将6平5

②后兵平四　士4进5

③炮三平五　士5进4

④兵三平四　将5平4

⑤后兵平五　士6退5

⑥兵四平五　将4进1

⑦炮五平六（红胜）

图5-25

①炮三进三　将4进1

②炮三退六！　将4退1

③兵四进一　将4进1

④炮三平五

黑方如逃车，则炮八平六，红方下一步伏重炮杀。黑方如解杀就丢车，红方胜定。

图5-26

①炮三平五　象5进3

②兵七平六　将5平6

③后兵平五！　车2平5

④兵六平五　士6进5

⑤炮五平四（红胜）

图5-27

①兵四进一　将5平4

②炮三进四　将4进1

③炮五平二　卒2平3

④炮三退一　将4退1

⑤炮二进三　士6进5

⑥兵四进一（红胜）

图5-28

①兵四进一　将5平4

②炮三进二　将4进1

③炮三退一　将4退1

④炮五平六　士4退5

⑤炮六进二　士5进4

⑥炮六平九　士6进5

⑦兵四平五　卒2平3

⑧炮九进一（红胜）

图5-29

①炮二平五　象5进3
②兵七平六　将5退1
③后兵平五　士6进5
④兵五进一　将5平6
⑤兵六进一　车1退2
⑥兵六平五　车1平5
⑦炮五进三　象3退5
⑧炮五平六　卒9平8
⑨炮六退八　卒5平4
⑩帅四进一（红胜）

六、马兵类答案

图6-1

①兵三进一　将6退1
②兵六进一　士5退4
③马五进六　车5退1
④兵三平四（红胜）

图6-2

①马八退六　马8退6
②兵六进一　将5平4
③前马进八　将4平5
④马六进七　将5平4
⑤马七退五　将4平5
⑥马五进七　将5平4
⑦马七退六　将4平5
⑧马六进四（红胜）

图6-3

①兵六进一　士4进5
②马一进二　炮2退6
③马二退四　炮2平4
④帅六平五　象3退5
⑤兵四平五（红胜）

图6-4

①仕五进四　卒9平8
②马五退四　卒8平7
③马四退五　炮4进4

④马五退六　后卒平6

⑤马六进八　后卒平5

⑥马八进七　卒5平4

⑦马七进八　炮4平5

⑧马八进七（红胜）

图6-5

①兵七平六　将4平5

②马七退五　炮5进2

③帅五进一　炮5退1

④帅五进一　炮5退1

⑤帅五退一　炮5进1

⑥马五退三　炮5平6

⑦马三进二　炮6退5

⑧马二进三（红胜）

图6-6

①兵四进一　将6退1

②马七进五　炮2进2

③兵四进一　士5进6

④马五进六（红胜）

图6-7

①兵四平三　炮2进1

②兵三进一　卒1进1

③马一退二　炮2进1

④马二退四　炮2退1

⑤马四进六　炮2平4

⑥马六退八　卒1平2

⑦马八进七　卒2平3

⑧马七退六　卒3平4

⑨马六进四（红胜）

图6-8

①马八退七　炮3进1

②马七退五　象9退7

③兵五平六　将4平5

④马五进七　卒8平7

⑤兵六平七　将5平4

⑥马七退五　象7进5

⑦马五退六　卒3平4

⑧马六进七　卒4进1

⑨兵七平六　将4平5

⑩马七进五　卒7平6

⑪马五退四　卒6进1

⑫马四进三　卒4进1

⑬兵六平五　将5平4

⑭马三退五　卒4平5

⑮马五进七（红胜）

图6-9

① 马五进六　炮3平4

② 兵四进一　象5进7

③ 仕五进六　象7退9

④ 马六退四　象9进7

⑤ 马四进三　象7退5

⑥ 马三退四　象5进3

⑦ 马四进六　象3退1

⑧ 马六退八　象1退3

⑨ 马八进七　象3进1

⑩ 马七退九　炮4平6

⑪ 马九退八　炮6进1

⑫ 马八进六　炮6退1

⑬ 马六进四（红胜）

图6-10

① 前马进三　将6进1

② 马三进二　将6退1

③ 马四进三　炮2退5

④ 马三进一　士5进4

⑤ 兵五进一　士6退5

⑥ 马二退三　将6进1

⑦ 马一进二　将6进1

⑧ 马三退四　炮2进2

⑨ 马四进六（红胜）

图6-11

① 马六进七　将5平6

② 兵三进一　前炮平4

③ 马一进二　将6进1

④ 兵三进一　将6进1

⑤ 马二退三　炮1退1

⑥ 仕四退五　卒7进1

⑦ 仕五退六　卒7平6

⑧ 马七退六（红胜）

图6-12

① 兵四进一　将6退1

② 兵四进一　将6退1

③ 马三退五　马7进6

④ 马六退五　马6进7

⑤ 帅四进一　马7退5

169

⑥帅四退一　前马退6

⑦后马进三　马6退7

⑧兵四进一（红胜）

图6-13

① 兵三进一　将6退1

② 兵三进一　将6退1

③ 马一进二　车8平9

④ 马二退三　车9平8

⑤ 兵三平四（红胜）

图6-14

① 马七进六　卒7平6

② 兵二平三　将6退1

③ 马六退五　马4进5

④ 兵三进一　将6进1

⑤ 马五退三（红胜）

图6-15

① 兵七进一　将4退1

② 兵七平六　将4平5

③ 马七进八　马8进7

④ 兵六进一　士5退4

⑤ 马八退六（红胜）

图6-16

① 兵七进一　将4退1

② 兵七进一　将4退1

③ 马六进七　马8退7

④ 兵七进一　将4平5

⑤ 马七进九　马7退5

⑥ 马九进七（红胜）

图6-17

① 相五进三　士6退5

② 兵四进一　象7进5

③ 兵七进一　象5退3

④ 马七进八　将4进1

⑤ 兵四平五　士5进6

⑥ 马八退七（红胜）

图6-18

① 马七进六　车6退2

② 兵七进一　士5退4

③ 马四进六　车9平8

④ 兵七进一　车8平9

⑤ 兵七平六　车9平8

⑥ 兵六平五　车8平9

⑦兵五进一（红胜）

图6-19

①兵四平五　将4进1

②马九进八　士4退5

③马八进七　将4进1

④兵八平七　将4退1

⑤马七进九　卒7进1

⑥马九进八（红胜）

图6-20

①炮九进七　马3退1

②相七进九！车5平1

③相五退七！

黑方子力被封锁，红方七兵渡河吃死7卒，胜定。

图6-21

①马二进四　士4进5

②马七退五！士5退6

③马五进四

黑方双车被牵，红方边兵长驱直入，胜定。

图6-22

①兵三进一　将6退1

②兵三进一！将6平5

③马六进四　前卒进1

④马四进二　前卒进1

⑤马二进三（红胜）

图6-23

①兵四平三　将5平6

②马一退三　后卒进1

③兵三进一！将6平5

④马三进一　士5进6

⑤兵七平六（红方胜定）

七、车兵类答案

图7-1

①仕五进六　将5平6

②兵四进一　士5进6

③车一平四（红胜）

图7-2

① 车一进三　士5退6

② 兵三平四　士4进5

③ 兵七平六　炮1平5

④ 兵六平五　炮5退2

⑤ 车一平四（红胜）

图7-3

① 车五进二　将5进1

② 兵六平五　车6进1

③ 兵五平四　车6平7

④ 车五退二　车7平6

⑤ 兵四平三　车6进1

⑥ 车五进三　将6退1

⑦ 车五平四（红胜）

图7-4

① 兵三平四　车3进2

② 兵四平五　将4进1

③ 车一平五　士5进4

④ 车五平八　车3退1

⑤ 车八平三　士4退5

⑥ 车三进二　将4进1

⑦ 帅五进一　车3平1

⑧ 兵五平六　车1平3

⑨ 车三平二　车3平1

⑩ 兵六平七　车1平3

⑪ 车二退二　将4退1

⑫ 车二平五　士5进4

⑬ 车五进三　车3平2

⑭ 车五平六（红胜）

图7-5

① 仕五进六　将5平6

② 兵六进一　士5退4

③ 车二平四（红胜）

图7-6

① 车七平六　炮3平4

② 车六平四　炮7平6

③ 帅五平六　象3进1

④ 车四进一　象1退3

⑤ 车四进二（红胜）

图7-7

① 车三退一　将6退1

② 兵六进一　士4退5

③兵六平五　将6平5

④车三进一（红胜）

图7-8

①车三进三　士4退5

②车三退二　士5进6

③车三平五　将5平4

④车五平六　将4平5

⑤车六进二（红胜）

图7-9

①车二平八　车4退8

②车八进二　卒1进1

③兵七平六　车4平3

④车八退三　卒1进1

⑤车八平二　车3进9

⑥帅五进一　车3平6

⑦车二平八　车6平4

⑧车八进四（红胜）

图7-10

①兵八平七　将4平5

②兵七平六　士5进4

③车七平五　将5平6

④车五平四　将6平5

⑤车四进四　士4退5

⑥兵六平五　将5平4

⑦车四退四　将4退1

⑧兵五进一　士5进4

⑨帅五平六　士4进5

⑩车四进四　象9进7

⑪兵五进一　将4退1

⑫车四进一（红胜）

图7-11

①车七进九　车5退1

②车七退二　车5退1

③兵三平四　将6进1

④车七平二　车5退1

⑤车二进一　将6进1

⑥车二退二　车5平3

⑦车二平四　将6平5

⑧车四平五　将5平4

⑨相五进七　车3进5

⑩车五平六（红胜）

173

图 7-12

① 兵五进一　将 6 退 1
② 仕五退六　车 1 进 1
③ 车八平四　将 6 平 5
④ 车四平二　将 5 平 4
⑤ 车二进一　车 1 退 1
⑥ 兵五平六　士 5 退 6
⑦ 车二退一　车 1 平 5
⑧ 仕六进五　将 4 平 5
⑨ 车二平九　车 5 进 7
⑩ 帅五平四　车 5 退 2
⑪ 车九进三　将 5 进 1
⑫ 车九平四　车 5 退 1
⑬ 车四退一　将 5 退 1
⑭ 兵六进一　车 5 退 1
⑮ 车四进一（红胜）

图 7-13

① 前车进三　士 5 退 6
② 前车平四　将 5 平 6
③ 车二进六　象 5 退 7
④ 车二平三　将 6 进 1

⑤ 车三退一　将 6 退 1
⑥ 兵四进一　将 6 平 5
⑦ 兵四进一　车 3 平 1
⑧ 车三进一（红胜）

图 7-14

① 车七进三　将 4 进 1
② 车七平八　车 6 平 2
③ 车八退一　将 4 退 1
④ 兵四平五　炮 6 平 4
⑤ 车八进一　后车退 2
⑥ 车二平六（红胜）

图 7-15

① 车八进五　士 5 退 4
② 车八平六　将 5 进 1
③ 兵七平六　炮 7 平 4
④ 车一平六　炮 5 平 8
⑤ 后车进二　将 5 进 1
⑥ 前车平五　将 5 平 6
⑦ 车五平四　将 6 平 5
⑧ 车四退一　马 5 退 7
⑨ 帅五平六　车 7 平 5

⑩车六平五（红胜）

图7-16

①车二进九　后车退7

②车一进九　后车平8

③车一平二　车6退8

④车二平三　车6平7

⑤兵三进一（红胜）

图7-17

①车二平四　士5进6

②帅五平四　士4退5

③车四平五　士5进4

④车五进一　士4退5

⑤兵六平五　将6退1

⑥车五平四（红胜）

图7-18

①相五进七　将5平4

②兵四进一　将4进1

③车四平六　士5进4

④车六平八　士4退5

⑤车八进二　将4进1

⑥兵六进一（红胜）

图7-19

①相三进五

红方喂相妙着！如黑车吃相，则受困于红方仕角无法防守两肋。又如走士5进6，则红方可倒换双仕，出帅和红车同线，助攻取胜。

①……　　　车5进5

②车六平八　士5退4

③帅五平四（红胜）

图7-20

①车三退一　将6退1

②兵六进一！士6退5

③兵六平五　将6平5

④车三进一（红胜）

图7-21

①车一平八　象1退3

②车八进三　将4平5

③兵七平六　士5退4

④车八平七　士4退5

⑤兵六平五　将5进1

175

⑥车三进四　将5退1

⑦车七平六（红胜）

图7-22

① 车三平六　炮7平4

② 帅五进一　卒9进1

③ 车六退六！车1平2

④ 帅五平六　车2退1

⑤ 车六平七　象7进5

⑥ 车七进七　车2平5

⑦ 车七平六　车5平4

⑧ 车六进一　将4平5

（红方胜定）

图7-23

① 兵五进一　将5退1

② 兵五进一　将5平4

③ 兵五平六！将4进1

④ 车三平六　将4平5

⑤ 车一平五！车3退2

⑥ 相五退七　将5平6

⑦ 车六进四　将6退1

⑧ 相七进九（红方胜定）

图7-24

① 车二进七　车6退2

② 车二退一　车6进6

③ 车二平五　将5平6

④ 兵九平八　卒1平2

⑤ 兵八平七　卒2平3

⑥ 兵七平六　卒3平4

⑦ 车五进一　将6进1

⑧ 兵六平五　将6进1

⑨ 车五平四（红胜）

图7-25

① 兵三进一　将6平5

② 兵三平四　士5进6

③ 车一平五　将5平4

④ 兵四进一　将4退1

⑤ 兵四平五　将4退1

⑥ 车五平六　将4平5

⑦ 车六平八　士6进5

⑧ 车八进三　士5退4

⑨ 车八平三　将5平6

⑩ 兵五平四　将6平5

⑪兵四进一（红胜）

八、马炮类答案

图8-1

①马五进四　将5平6

②马四进二　将6平5

③炮五进三　马4退6

④马二退四　将5平6

⑤炮五平四（红胜）

图8-2

①马五进四　象7退9

②马四进二　象9退7

③马二退三　将6进1

④炮五平四（红胜）

图8-3

①马九进八　将4进1

②马八退七　将4进1

③炮二进六　士5进6

④炮二平九　卒7平6

⑤马七进八（红胜）

图8-4

①马三进五　将4退1

②马五进七　将4退1

③马七进八　将4平5

④炮九平三　车4平7

⑤马八退六　将5平4

⑥炮三平六（红胜）

图8-5

①马二进三　将5平6

②马三退一　将6进1

③炮一退三　士5进4

④马一退三　将6退1

⑤马三进二　将6进1

⑥炮一进二（红胜）

图8-6

①马八进七　将5平6

②马七退六　将6进1

177

③马六退四　士5进6
④马四退六　士6退5
⑤马六退四　士5进6
⑥马四进三　士6退5
⑦马三进二　将6退1
⑧马二退四　将6平5
⑨马四进六　将5平6
⑩马六退五　将6进1
⑪马五进三　将6退1
⑫马三进二　将6进1
⑬炮四平一　马1进3
⑭炮一进六（红胜）

图8-7

①炮五平七　炮2平4
②马七退五　将6退1
③马五进三　将6进1
④炮七进四　士6退5
⑤马三退五　将6退1
⑥马五退三　将6退1
⑦马三进二　将6进1
⑧炮七退一　士5进4
⑨炮七平一（红胜）

图8-8

①马七进五　将4退1
②马五进七　将4进1
③马三进五　卒6平5
④仕六退五　炮6退8
⑤炮二退一　炮6进1
⑥马五进七（红胜）

图8-9

①炮七进一　马3退2
②马八进六　将5平4
③马六进八　将4平5
④炮七退二　马2进4
⑤炮九平六　马4进5
⑥炮七进二（红胜）

图8-10

①马一进三　马6退8
②马三退四　马8进6
③炮三进六　马6退8
④炮三退三　马8进6
⑤马四进二　将6平5

178

⑥炮三进三　马6退8

⑦炮三退二　马8进6

⑧炮一平四　卒4进1

⑨帅五进一　卒6进1

⑩帅五进一　象3进5

⑪炮三进二（红胜）

图8-11

①马三进一　将5平6

②炮五平二！士5进6

③炮二平四！士6退5

④马一进二　象5退7

⑤马二退三　将6进1

⑥炮一退四！将6进1

⑦炮四退三（红胜）

图8-12

①后炮平六　卒4平5

②炮九进一　象3进5

③帅五平六！士5进6

④炮六进七　将5进1

⑤炮九退一（红胜）

图8-13

①马三进一　将5平6

②炮五平二！士5进6

③炮二平四　士6退5

④马一进二　象5退7

⑤马二退三　将6进1

⑥炮一退五　将6进1

⑦炮四退二（红胜）

九、车炮类答案

图9-1

①车八进四　将4退1

②炮六进五　车5平4

③帅六进一　马7退5

④帅六退一　马5进3

⑤帅六退一　马3进2

⑥车八退六　士5进4

⑦车八进七（红胜）

179

图9-2

① 炮七进三　后车平3

② 炮二平五　车2进7

③ 帅六进一　马9退7

④ 车二平五（红胜）

图9-3

① 帅五平六　车2退3

② 后炮平二　象7退9

③ 炮二进七　象9退7

④ 车六平四　车2平4

⑤ 帅六平五　车4进4

⑥ 车四进五（红胜）

图9-4

① 车九平四　将6平5

② 帅五平四　马8进7

③ 炮一进九　炮8退9

④ 炮一平三　马7进5

⑤ 车四进五（红胜）

图9-5

① 炮二进七　士5退6

② 炮九平五　士4进5

③ 车八进四　车6退7

④ 车八平五　车6平5

⑤ 车六平四　将5平4

⑥ 车四进四　车5退1

⑦ 车四平五　将4进1

⑧ 车五平七　象5进7

⑨ 车七平六　将4平5

⑩ 车六平五　将5平6

⑪ 炮五平四　炮9平8

⑫ 炮四退一　炮1退7

⑬ 仕五进四　炮1平6

⑭ 车五平四（红胜）

图9-6

① 炮二进四　士5进6

② 炮二平七　卒7进1

③ 车八进九　将4进1

④ 炮九退一　将4进1

⑤ 车八退二（红胜）

图9-7

① 车八进七　士5退4

② 车八退三　士4进5

③前炮平八　将5平4

④炮九进九　将4进1

⑤车八进二（红胜）

图9-8

①炮一平八　士4进5

②炮八平五　车7进7

③车六进一（红胜）

图9-9

①车九平五　士4进5

②仕五进四　将5平4

③车八进五　将4进1

④炮九平六（红胜）

图9-10

①炮二进三　车4退2

②车五进三　将4进1

③炮二平八　车4退1

④炮八进三　车4退2

⑤炮八平六　车4平3

⑥车五退三　将4退1

⑦车五平六（红胜）

图9-11

①车七退一　将4进1

②炮三退一　士5退4

③车七退二　车1平4

④车七进一　将4退1

⑤车七进一　将4进1

⑥炮三平六　车4平6

⑦车七退二　将4退1

⑧车七平六（红胜）

图9-12

①前车进四　将5进1

②前车退一　将5退1

③前车平八　车2退7

④车六进七（红胜）

图9-13

①车二平七　车3平8

②车七平三　象7进9

③炮二进五　马4进6

④车三进三　士5退6

⑤车三平四（红胜）

181

图9-14

① 车七平二　将5平6

② 炮七进六　车4退7

③ 车二进二　将6进1

④ 车二退一　将6进1

⑤ 车二退二　将6退1

⑥ 车二平四（红胜）

图9-15

① 车六平四　士5进6

② 车四平五　士6退5

③ 仕五进四　士5进6

④ 车五进七　象3退5

⑤ 车五退二　车3退6

⑥ 仕四退五　士6退5

⑦ 车五平四　将6进1

⑧ 仕五进四（红胜）

图9-16

① 炮二进四　将4进1

② 相五退七　卒4平5

③ 车一平六　将4平5

④ 车六平五　将5平6

⑤ 车五退一　马7进6

⑥ 车五平四　将6退1

⑦ 车四进三　士5进6

⑧ 车四进一　将6进1

⑨ 炮二退七（红胜）

图9-17

① 炮三进七　将4进1

② 车八进一　将4进1

③ 车八退二　将4退1

④ 炮三退一　将4退1

⑤ 车八进三　象5退3

⑥ 车八平七　将4进1

⑦ 车七退一　将4进1

⑧ 车七退三　马6进5

⑨ 车七平六　将4平5

⑩ 车六平五　将5平6

⑪ 车五平四　将6平5

⑫ 车四进一　将5平4

⑬ 车四平五　马2进3

⑭ 车五平六（红胜）

图9-18

① 炮五平四　将6进1
② 车五进一　将6退1
③ 车五进一　将6进1
④ 车五平一　车9平7
⑤ 车一退三　炮6平2
⑥ 炮四退二　炮2退7
⑦ 车一平四　炮2平6
⑧ 炮四进三　车7退7
⑨ 炮四平六　车7平6
⑩ 车四进一　将6进1
⑪ 炮六退七　卒8平7
⑫ 炮六平四（红胜）

图9-19

① 炮七进四　将6平5
② 车三平五　将5平6
③ 仕五进四　车6退1
④ 车五平三　士5退6
⑤ 车三进三　将6退1
⑥ 车三进一　将6进1
⑦ 炮七平四　车6平8

⑧ 车三退二　将6退1
⑨ 车三平四（红胜）

图9-20

① 车七进一　将5退1
② 炮九进三　士4进5
③ 车七进一　士5退4
④ 车七退三　士4进5
⑤ 车七进三　士5退4
⑥ 车七退二　士4进5
⑦ 车七平五　将5平6
⑧ 车五进一　卒3平4
⑨ 炮七进七（红胜）

图9-21

① 车五进四　将5平4
② 炮三进七　将4进1
③ 炮三退一　士5进6
④ 车五平四　车4平6
⑤ 炮二进六　将4退1
⑥ 车四平六　将4平5
⑦ 车六进一　士6进5
⑧ 车六平五　将5平4

⑨炮三进一　车3进5

⑩炮二进一（红胜）

图9-22

① 车四平六　士5进4

② 车六平三　士4退5

③ 车三平六　士5进4

④ 车六平一　士4退5

⑤ 炮一进二　将4退1

⑥ 车一平六　将4平5

⑦ 炮六平二　车2退1

⑧ 帅五退一　车2平8

⑨ 车六平八　象1退3

⑩ 车八进四　炮9退6

⑪ 车八平七（红胜）

图9-23

① 炮七进五　将5进1

② 车八进八　将5进1

③ 炮九退一　炮4退1

④ 车八退一　将5退1

⑤ 车八平六　车4平1

⑥ 炮七退一　将5退1

⑦ 车六平五　士4进5

⑧ 车五进一　将5平4

⑨ 炮九平六（红胜）

图9-24

① 车三进六　将6进1

② 车三退一　将6退1

③ 炮四进五　士6进5

④ 车三进一　将6退1

⑤ 炮四进一　将6平5

⑥ 炮一进二　士5进6

⑦ 炮四平二　车5进1

⑧ 仕六进五　车4平5

⑨ 帅四进一　炮2退2

⑩ 相三进五　后卒平4

⑪ 炮二进一（红胜）

图9-25

① 车九进三　士5退4

② 车一平六　士4退5

③ 炮五平八　车5平3

④ 车九平六　士5退4

⑤ 炮八进七　车3退5

⑥车六进一　将5进1

⑦车六退一（红胜）

图9-26

①帅五平六　士6进5

②炮二平五　将5平6

③车六进三　将6进1

④车六平三　车3平4

⑤帅六平五　马7进5

⑥车三退一　将6退1

⑦车二进五　象5退7

⑧车二平三（红胜）

图9-27

①车四平五　马7退5

②炮一进七　炮6进5

③炮一平六！将5平6

④炮六退一（红胜）

图9-28

①炮九平四！卒3平4

②炮四进五　将5平6

③炮三平一　马8进6

④车二进一（红胜）

图9-29

①帅五平四！后炮平6

②炮八平七　车2平3

③相五进七！车3进4

④炮七平五（红胜）

图9-30

①车四进三　马4退3

②车四平一！马9退7

③炮二进三　象7进9

④炮二退一！象9进7

⑤车一退二

红方下一步车一进三，绝杀。

图9-31

①炮二平五　将5平4

②炮五进二　将4平5

③炮五平二　士6进5

④炮一进一　士5退6

⑤车四进五（红胜）

图9-32

①炮九退一　将4退1

②炮七退一！　将4平5

③车八退七　卒8平7

④炮九进一！　士5退4

⑤车八平五　士6退5

⑥车五平三（红胜）

图9-33

① 车四进七　将4进1

② 车四退二　将4平5

③ 车四平五！　将5平4

④ 车五平六　将4平5

⑤ 炮六平五（红胜）

图9-34

① 车五平四　士5进6

② 相五进三　前车进1

③ 帅五进一　后车进1

④ 帅五进一　士4进5

⑤车一进九　将6进1

⑥炮七进六　后车退7

⑦车一退一　将6退1

⑧车四进三　士5进6

⑨车一进一（红胜）

图9-35

① 车八平五　象3退5

② 炮八进四　士4进5

③ 炮八退九！　车9平7

④ 炮二进四　车7退5

⑤ 车九进二　士5退4

⑥ 炮八进九　士4进5

⑦ 炮八退一　士5退4

⑧ 炮八平七！　车7平8

⑨ 车九平六　马6退4

⑩ 炮七进一（红胜）

十、车马类答案

图10-1

① 车八进三　士5退4

② 车八平六　将5平4

③ 马八进七　将4平5

④车三平九　士6进5

⑤车九进六　士5退4

⑥车九平六（红胜）

图10-2

①马五进七　马5退4

②后车进五　士5进4

③车六退一　士4进5

④车六平一　士5进4

⑤车一平六　将5进1

⑥车六进二　将5进1

⑦车六退一　车2平5

⑧马七退六（红胜）

图10-3

①马八进七　将5平6

②马七退五　炮2退7

③车一平三　将6进1

④马五退三　将6进1

⑤车三退一　炮2退1

⑥车三退一　将6退1

⑦车三平二　将6退1

⑧车二进二（红胜）

图10-4

①马三退四　炮6退6

②马二进四　士5进6

③车九平六（红胜）

图10-5

①马三进二　士4进5

②车七平六　车7平6

③仕五进四　车8进1

④车四进三　士5退6

⑤马二退四（红胜）

图10-6

①马八退六　士6进5

②帅五平四　象5退7

③车九进二　车7退1

④车四进三　士5退6

⑤马六退四（红胜）

图10-7

①车三平六　士6进5

②马四进五　将5平6

③马五退三　车7退1

④车六进一　将6进1

⑤车六退一　将6进1

⑥车八平四（红胜）

图10-8

　①车九进六　士5退4

　②车九平六　将5平4

　③车四进九　将4进1

　④车四平五　车7平4

　⑤马八进七　将4进1

　⑥车五平六（红胜）

图10-9

　①马五进六　象1退3

　②车八进五　将5平4

　③马六退七　象7进5

　④马七进五　炮9退7

　⑤车八平七　将4进1

　⑥车七退一　将4退1

　⑦车七退四　将4进1

　⑧车七平六　士5进4

　⑨马五进四　将4退1

　⑩车六进三（红胜）

图10-10

　①马八进七　将5平6

　②车二进二　将6进1

　③车二平四　将6平5

　④车四平六　将5平6

　⑤马七退六　将6退1

　⑥马六退四　将6平5

　⑦马四进三（红胜）

图10-11

　①马六进七　将5平6

　②马七退五　将6平5

　③马五进七　将5平6

　④车二进五　将6进1

　⑤车二退一　将6退1

　⑥马七退五　将6平5

　⑦车二平四　马5退4

　⑧马五进七　将5平4

　⑨车四退一　将4进1

　⑩车四进一　将4退1

　⑪车四退四　将4进1

　⑫车四平六　将4平5

⑬车六进四　将5退1

⑭车六平四（红胜）

图10-12

①车一退一　将5平4

②马二退四　将4退1

③车一退二　将4进1

④车一平六　将4平5

⑤车六平七　将5平6

⑥马四进二　将6平5

⑦车七进二　将5退1

⑧马二退四　将5平4

⑨车七退一　将4进1

⑩车七平五　卒3进1

⑪车五进一　将4进1

⑫车五平六（红胜）

图10-13

①车三进三　将6进1

②马四进二　将6进1

③车三退二　将6退1

④车三退一　将6进1

⑤车三平四　将6平5

⑥车四平五　将5平4

⑦马二退四　车8平6

⑧仕五进四　车3平4

⑨车五平六（红胜）

图10-14

①车二进九　将6进1

②马四进二　将6进1

③车二退一　象5退7

④车二平四　将6平5

⑤车四退四　士5退6

⑥车四平五　将5平6

⑦马二退三　将6退1

⑧马三进五　将6进1

⑨车五平二　将6平5

⑩马五进七　将5平4

⑪马七退六　将4退1

⑫马六进四　士4进5

⑬车二平六　士5进4

⑭车六进三（红胜）

图10-15

①马三进四　炮8进1

189

②相一退三　卒6进1

③车三退七　卒6平7

④马四进三　将5平6

⑤马三退五　将6平5

⑥马五进三　将5平6

⑦马三退四　将6平5

⑧马四进六（红胜）

图10-16

①车二进三　将6退1

②马四进三　将6平5

③车二平四　马1退2

④马八进六　马2进4

⑤马六退五　士5进6

⑥马五进七　马4退3

⑦车四退一　将5进1

⑧车四平七　将5平6

⑨车七进一　将6进1

⑩马三退四　车7平5

⑪马四进六　将6平5

⑫车七退一（红胜）

图10-17

①前马进三　将5平4

②马三退五　炮4退1

③马二进三　车9退5

④马三退五　马8退6

⑤后马进七　将4进1

⑥马七进八　将4退1

⑦车七进九　将4进1

⑧车七平五（红胜）

图10-18

①车三进二　将6进1

②马六进五　象3退5

③车三退一　将6退1

④马五进三　车8退6

⑤车三进一　将6进1

⑥马八进六　将6进1

⑦马三退四　马3退5

⑧马四进二　车8进1

⑨车三退二（红胜）

图10-19

①马四进三　将5平6

②车九平四　炮7平6

③车一平四　车7平5

④帅五平四　将6进1

⑤前车进一　士5进6

⑥车四进三　将6平5

⑦车四进一　将5退1

⑧车四平六（红胜）

图10-20

①车二进二　将6退1

②车二退五　将6进1

③车二平四　将6平5

④车四平六　将5平6

⑤马七退六　将6退1

⑥马六退四　将6平5

⑦车六进六　将5进1

⑧马四进三　将5平6

⑨车六平四（红胜）

图10-21

①相五进三　车7退2

②车六进一　将6进1

③车二进八　将6进1

④车六平四　士5退6

⑤车二退一　将6退1

⑥马五进六（红胜）

图10-22

①车七平八　车2平1

②车三平四　士6进5

③马三退五　象7退5

④车八平五　车1进4

⑤车四进二（红胜）

图10-23

①马九进七　将5平4

②车二进四　将4进1

③马七退六！　将4进1

④马六进八！　将4平5

⑤车二平五　将5平6

⑥马八退六　将6退1

⑦车五平四（红胜）

图10-24

①车六进七　将6进1

②相五进三！　车7退2

③车二进八　将6进1

④车六平四　士5退6

⑤车二退一　将6退1

⑥马五进六（红胜）

图10-25

①车二进四　士5退6

②车六进七！将5平4

③车二平四　将4进1

④车四平五！车8平7

⑤马八进七　将4进1

⑥车五平六（红胜）

图10-26

①前车进二　将4进1

②前车退一　将4退1

③前车平五！车2进1

④相五退七　车2平3

⑤仕五退六　车3平4

⑥车五退八！士6退5

⑦车七进二　将4进1

⑧马四退五　将4进1

⑨车七退二（红胜）

图10-27

①车七进六　士6退5

②车三退八！将6退1

③车三平四　将6平5

④仕五退四！车9平8

⑤车四平六　车8进9

⑥车七平八　将5平6

⑦车八进一　将6进1

⑧车六平四　士5进6

⑨车四进六　将6平5

⑩车八退一　将5退1

⑪车四进一（红胜）

图10-28

①马二进四　将5平6

②马四进三　将6平5

③马三退四　将5平6

④车二进七　将6进1

⑤车二退一　将6退1

⑥马四退二　将6平5

⑦马二进三　将5进1

⑧车四平七！将5平4

⑨马三退五　士4进5

⑩马五退六　车3退4

⑪马六退五（红方胜定）

十一、马炮兵类答案

图11-1

①炮九进六　士4进5

②马七进九　炮2平3

③马九进八　炮3退9

④炮九平七　卒5进1

⑤马八退七　卒5进1

⑥仕四进五　卒4平5

⑦帅五平六　马2进4

⑧兵六进一（红胜）

图11-2

①兵六平五　将5平4

②炮八平九　象3退1

③炮九平二　士5退6

④炮二进二　士6退5

⑤兵五进一（红胜）

图11-3

①马一进三　象3进5

②炮一进七　象5退7

③马三进二　将5平4

④兵七进一　士5进6

⑤炮一平三　士6进5

⑥马二退三　将4平5

⑦兵七平六　炮1平4

⑧炮三平一　卒2平3

⑨马三进二（红胜）

图11-4

①炮一退一　士5退6

②马二进三　士6退5

③马三退一　士5进6

④马一进三　士6退5

⑤马三退二　士5进6

193

⑥兵五进一　将4进1

⑦炮一退一　象3退5

⑧马二进四　士6进5

⑨马四退五　将4退1

⑩马五进七（红胜）

图11-5

①马二进三　将5平6

②炮六进三　士4退5

③马三进二　将6平5

④炮六平五　士5退6

⑤马二退三　将5平6

⑥兵四平五　士6进5

⑦马三进二　将6退1

⑧炮五平一　马9进7

⑨炮一退一（红胜）

图11-6

①马八进六　将6平5

②炮八进三　士5退4

③马六退四　将5进1

④马四退六　将5平4

⑤炮八退五　将4进1

⑥炮八平六　将4平5

⑦马六进七　将5平4

⑧马七退八　将4退1

⑨马八退六　将4平5

⑩兵三平四　将5退1

⑪马六进四　士4进5

⑫兵四平五　将5平4

⑬马四进六（红胜）

图11-7

①炮九进三　象3进1

②马八进七　将5平4

③马七退九　将4平5

④马九进七　将5平4

⑤炮九退四　将4进1

⑥炮九平六　士5进4

⑦兵六进一　将4平5

⑧兵六平五　将5平6

⑨马七退六　士6进5

⑩兵五进一　将6退1

⑪马六进四（红胜）

194

图11-8

①马九退七　将5平6

②炮五平四　将6进1

③兵三进一　将6退1

④马七退六　将6平5

⑤兵三平四　卒6平5

⑥帅五平四　炮1平4

⑦炮四平五　后卒平6

⑧马六进四　炮4退8

⑨兵四进一　将5平6

⑩炮五平四（红胜）

图11-9

①马五进三　将6进1

②炮五平四　士6退5

③马三退四　士5进6

④马四退二　士6退5

⑤马二进三　将6退1

⑥马三退五　将6进1

⑦马五退三　将6退1

⑧兵六进一　象3退5

⑨马三进四　士5进6

⑩马四退六　士6退5

⑪马六进五　将6进1

⑫马五退六　将6退1

⑬马六进四　士5进6

⑭马四进六　士6退5

⑮兵六平五（红胜）

图11-10

①兵三平二　士5进4

②炮一进三　将6进1

③兵二平三　将6进1

④马四退三　象5进7

⑤炮一退六　将6平5

⑥马三进五　将5退1

⑦炮一进五　将5进1

⑧马五进三　将5平6

⑨炮一退五　车1平2

⑩马三退五　将6平5

⑪炮一平五（红胜）

图11-11

①帅五平六　炮1退1

②后炮平八　炮1平2

195

③马九进八　炮2平1

④马八进七　炮1平2

⑤马七进八　炮2平1

⑥马八退六　炮1平2

⑦兵六平五　将5平4

⑧炮五平六（红胜）

图11-12

①炮八进四！车1退5

②炮八平七！车1平3

③马七进六！将5平6

④马二进三（红胜）

图11-13

①炮七进五　将6进1

②马二进三　将6进1

③炮七退一！士5进4

④炮七平一！车6平8

⑤兵三平四　马1进3

⑥马三进二！车8退7

⑦兵四进一（红胜）

图11-14

①马一进二　士5退6

②帅五平四　卒8平7

③马二退三　士6进5

④马三进四　将5平6

⑤兵四进一　将6平5

⑥兵四进一（红胜）

图11-15

①马三进二　炮4退2

②马二进四　车2进4

③兵六进一　将5平4

④兵七平六　将4平5

⑤兵六平五　将5平4

⑥兵五平六（红胜）

图11-16

①马一退三　将6平5

②马三进二　炮6退2

③马二退四　炮6进3

④马四进二　炮6退3

⑤马二退四　炮6进9

⑥马四进二　炮6退9

⑦炮三平七　炮9平3

⑧马二退四（红胜）

图11-17

①兵四平五　将5平4

②兵五进一　将4进1

③炮二进二　士6进5

④马三退五　士5进4

⑤马五退三　卒6平5

⑥帅五进一　后炮平7

⑦马三进四　士4退5

⑧马四退五　将4进1

⑨马五退七（红胜）

十二、车炮兵类答案

图12-1

①炮二平三　车7平5

②车二进二　士5退6

③车二平四　马5退6

④炮三进一（红胜）

图12-2

①炮八平五　炮5退4

②炮五进五　士5进6

③车九进五　车9进1

④车九平五（红胜）

图12-3

①兵六进一　将4平5

②炮八平五　象5进3

③车五平四　车8退5

④车四进三　将5退1

⑤兵六平五　士4进5

⑥车四进二（红胜）

图12-4

①车九进一　士5退4

②炮八进一　士4进5

③炮八平四　士5退4

④炮四平六　车3进1

⑤炮六退九（红胜）

图12-5

①后炮平五　车6平5

②炮七进三　士4进5

197

③炮七平三　士5退4
④炮三平六　士6退5
⑤炮六退八　士5退4
⑥仕五进六　后炮退2
⑦炮六进八　后炮平4
⑧车八退一　炮4平3
⑨车八平六　车5进2
⑩兵四平五　将5平6
⑪车六进一（红胜）

图12-6

①车一进一　士5退6
②前炮进一　士6进5
③前炮平七　士5退6
④炮三进二　士6进5
⑤炮三退四　士5退6
⑥炮三平九　车3平2
⑦炮九进四　车2退8
⑧炮七平四　车2退6
⑨兵七进一　车2退6
⑩兵七平六　将5进1
⑪车一退一（红胜）

图12-7

①车八平六　士5进4
②炮八平六　士4退5
③炮六平一　士5进4
④兵八平七　车9退4
⑤炮一平六　士4退5
⑥兵七平六　将4进1
⑦炮六平七（红胜）

图12-8

①相五进三　车7退2
②炮三进三　车7退5
③车七进三　将4进1
④兵五进一　士6进5
⑤车七平三（红胜）

图12-9

①帅五平六　士6进5
②炮九进三　士5进4
③兵六平七　士4退5
④兵七进一　士5退4
⑤兵七平六（红胜）

198

图12-10

　①车一退七　车5平9

　②帅六平五　车9退8

　③兵八平七（红胜）

图12-11

　①车九平六　士5进4

　②炮九平六　士4退5

　③炮六平二　士5进4

　④帅五平六　车8进2

　⑤车六平八　士4进5

　⑥炮二平六（红胜）

图12-12

　①车三平八　象5进7

　②炮九进七　象3进5

　③车八进一　将4进1

　④炮九退一　炮8平1

　⑤车八平五　士4退5

　⑥兵七进一　将4进1

　⑦车五平八　车8平4

　⑧车八退二（红胜）

图12-13

　①兵五进一　将4退1

　②兵五进一　将4退1

　③炮一平六　象7进9

　④兵五平四　卒6平5

　⑤车五退一　车4平5

　⑥帅五进一　象9进7

　⑦炮六退七　象7退5

　⑧炮六平五　象5进3

　⑨兵四平五　象3退1

　⑩相三进五　象1退3

　⑪相五进七　象3进1

　⑫炮五平七（红胜）

图12-14

　①炮二平四　士6退5

　②炮四进六　将6平5

　③车二进九　士5退6

　④炮四平一　象5退7

　⑤车二平三　士4进5

　⑥炮一进一　士5进6

　⑦炮一平四　士6退5

⑧炮四退五　士5退6

⑨炮四平五　象3退5

⑩车三平四（红胜）

图12-15

①炮五进五　将5平6

②炮五平九　士4退5

③兵七进一　车3退7

④兵七平六　车3平1

⑤兵六平五　将6平5

⑥车三进五（红胜）

图12-16

①兵六进一　将4平5

②兵六进一　将5平6

③炮八平四　士6退5

④车一平四　士5进6

⑤车四平五　士6退5

⑥帅六平五　炮9平6

⑦兵六平五　士4进5

⑧车五进二　将6退1

⑨车五进一　将6进1

⑩车五退三　炮6退5

⑪车五平四（红胜）

图12-17

①前车平五　车5退7

②兵七平六　车5平4

③炮二平六　卒6平5

④车二退四

吃死中卒，红方胜定。

图12-18

①炮三进七　象9退7

②兵五进一　士6进5

③车三进八　象7进9

④车三平二

红方伏下一着兵杀中士，绝杀。

图12-19

①炮二平五　卒4平3

②车二进九　将6进1

③兵四进一！　士5进6

④兵六平五！　士4进5

⑤炮五平四（红胜）

图12-20

① 车二平五　士6进5

② 车一进九　士5退6

③ 炮二进七　士6进5

④ 炮二退八　士5退6

⑤ 炮二平五

抽将得车，红方胜定。

图12-21

① 车二进七　将6进1

② 车二退二！士4退5

③ 炮九平四　车5平6

④ 车二进一　将6退1

⑤ 兵六平五（红胜）

图12-22

① 炮九进一　象3进1

② 炮六进八　象1退3

③ 车六平一！车9进3

④ 炮六退九　象3进1

⑤ 炮六平四！卒6进1

⑥ 兵七进一　卒7平6

⑦ 兵七进一（红胜）

图12-23

① 车二平一！车9退1

② 炮二进三！车9平8

③ 前兵平五　将5平6

④ 车八进五　车6平4

⑤ 兵五进一　将6进1

⑥ 车八退一　将6进1

⑦ 兵四进一（红胜）

图12-24

① 炮二平六　车9退8

② 车九平七！车2平3

③ 炮六平一　车3退5

④ 炮一平七　卒5平4

⑤ 相三进五　卒4平5

⑥ 炮七退五　卒5平4

⑦ 帅四进一　卒4平3

⑧ 炮七平一

打死卒，红胜。

图12-25

① 车九平六　士5退4

② 车八进七　士6进5

③炮四进七！　马8进7

④炮四平六　　将5平6

⑤车六平五　　车3平2

⑥车八平九　　马7退5

⑦炮六退一（红胜）

图12-26

①车三进八　　士5进4

②兵七进一　　士4进5

③炮八进一　　卒4进1

④帅六进一　　卒6平5

⑤帅六平五　　将6平5

⑥兵七进一　　士5退4

⑦车三平六（红胜）

图12-27

①炮二平七！　车3退1

②车八进九　　士5进4

③炮七进五　　士4进5

④炮七退二！　士5进4

⑤兵六进一　　将5平6

⑥兵六平五　　将6进1

⑦车八退一（红胜）

图12-28

①车六退三　　士5进4

②车七退一　　士6退5

③车六平八　　将6退1

④车八进四　　将6进1

⑤车八平五　　将6进1

⑥车七退二　　象5进3

⑦车七平四　　将6平5

⑧炮九平七（红胜）

图12-29

①炮三进七　　车7退8

②相五进三！　车7进5

③炮二平六　　车7平4

④兵六进一　　车4进2

⑤兵六进一　　马6进4

⑥车四平六　　车4退6

⑦车八进一　　象1退3

⑧车八平七（红胜）

图12-30

①车七进二　　将4进1

②车七退一　　将4退1

③炮三进七　车7退2

④车七进一　将4进1

⑤相五进三！车7进5

⑥兵五进一　士6进5

⑦车七退一　将4退1

⑧车一进七　士5退6

⑨车一平四（红胜）

图12-31

①车二平四　将6退1

②炮三平八！卒2平3

③车六进七　将6进1

④兵九平八　车2平5

⑤兵七进一　车5退5

⑥车六平五　车6平5

⑦兵七平六　前车退3

⑧兵六平五　将6进1

⑨兵八平七（红胜）

图12-32

①前车进一　将5进1

②后车进四　将5进1

③前车平五　将5平4

④车五平三！车5进1

⑤炮九平五！卒5平6

⑥车四退七　车8平6

⑦帅四进一　车5退6

⑧车三退四　车5进4

⑨兵一进一

红兵渡河，红方胜定。

图12-33

①兵四进一　士5进6

②炮二平四　士6退5

③炮四进二！将6平5

④车二进九　士5退6

⑤炮四平一　象5退7

⑥车二平三　士4进5

⑦炮一进一　士5退6

⑧炮一平四　士6退5

⑨炮四平七　士5退6

⑩车三平四（红胜）

图12-34

①车二退六！车5退4

②兵七平六　将4平5

③兵六进一　将5退1
④炮二平五！将5平6
⑤炮五进一！象3进1
⑥车二进八　将6进1
⑦车二退四！车5平8
⑧兵一平二　卒2平3
⑨帅六平五（红方胜定）

图12-35
①车六退三　将6进1
②车六平四！车2平6
③车七平二　车5平4
④帅六进一　卒4进1
⑤帅六进一　车6平4
⑥帅六平五　车4退3
⑦车二退八！象5进7
⑧兵五进一　车4平1
⑨车二平四　将6平5
⑩兵五进一　将5平4
⑪车四平六（红胜）

图12-36
①车八进九　炮3退4

②车八平七　车3退6
③炮二退六！车3进6
④炮二平四　卒7平6
⑤兵五平四　将6进1
⑥兵四进一　将6退1
⑦兵四进一　将6平5
⑧兵四平五（红胜）

图12-37
①车一进二　士5退6
②炮二进一　士6进5
③炮二退九　士5退6
④炮二平三！车2进2
⑤炮三平八　卒3进1
⑥炮八进九　士4进5
⑦兵四平五　将5进1
⑧车一退一　将5退1
⑨车一平六　卒3平4
⑩车六退七　卒5平4
⑪帅六进一（红胜）

图12-38
①车九平七　象3进1

②车七平八　士5进6

③炮七进二　士4进5

④炮七退一　将5平6

⑤车八进一　将6进1

⑥车八平五　车3平5

⑦兵六平五（红胜）

十三、车马兵类答案

图13-1

①车二平四　车6退7

②马九进七　将5平6

③兵二平三（红胜）

图13-2

①车一进一　将6进1

②马一进二　炮3进1

③兵四进一　士5进6

④车一平五　士6退5

⑤马二进三　将6进1

⑥车五平二　炮3平6

⑦车二退二（红胜）

图13-3

①车八平四　士5进6

②马五退六　卒5进1

③兵六平五（红胜）

图13-4

①马九进八　将4退1

②车七进三　将4进1

③车七平四　将4进1

④车四退八　车4平6

⑤相五进七　车6进1

⑥帅五进一　车6平4

⑦兵五进一（红胜）

图13-5

①马三进四　将5平6

②帅五平四　士5进6

③马四退六　士4进5

④车二进二　将6进1

⑤兵一平二　士5进4

⑥车二平五（红胜）

图13-6

①车二进六　象5退7

②车二平三　士5退6

③马五进六　将5进1

④车三退一　将5进1

⑤马六进八　马1退2

⑥马八进六　将5平4

⑦马六退八　将4平5

⑧马八退七　将5平6

⑨马七进六　将6平5

⑩马六进四　将5平6

⑪车三平五（红胜）

图13-7

①车八进九　将4进1

②马三进五　炮8退6

③兵六进一　士5进4

④车八平五　士4退5

⑤马五进七　将4进1

⑥车五平八　炮8平5

⑦仕五进四　炮5退1

⑧车八退一　卒6平5

⑨帅五进一　卒3平4

⑩帅五退一　车7退1

⑪车八平六（红胜）

图13-8

①马二进三　将5平6

②马三退五　炮1退5

③兵六进一　卒5进1

④兵六进一　车3平7

⑤车二进四　炮1平6

⑥相五进三　炮6退1

⑦马五退四　车7平1

⑧车二进五　将6进1

⑨马四进三　炮6进4

⑩马三退五　将6进1

⑪车二退二（红胜）

图13-9

①马三进四　将5平4

②车八进六　象5退3

③车八平七　将4进1

④兵五平六　卒7平6

⑤车七退一　将4退1
⑥兵六进一　将4平5
⑦兵六进一　卒9平8
⑧车七进一　士5退4
⑨车七平六（红胜）

图13-10

①车二进五　将6进1
②马四进二　将6进1
③车二退一　象5进3
④马二退三　将6平5
⑤车二退一　士5进6
⑥马三进四　将5平4
⑦兵八平七　象3退5
⑧车二退一　象5进7
⑨兵七平六　将4平5
⑩马四进三　士4进5
⑪车二平五（红胜）

图13-11

①兵七平六　士5退4
②马三进五　士6进5
③车八平二　前炮退7

④马五进六　卒6平5
⑤车二进五　象5退7
⑥车二平三　士5退6
⑦兵六平七　将5进1
⑧车三平四　将5进1
⑨马六退五　将5退1
⑩帅五平四　车3平8
⑪车四退一　将5进1
⑫马五进七　将5平4
⑬车四退五（红胜）

图13-12

①车二进四　马7进6
②兵七平六　将4退1
③车二进五　马6退7
④兵四进一！　马7退8
⑤马八进七　卒4进1
⑥兵四平五（红胜）

图13-13

①马二进三　车7退2
②兵二平三　前卒平6
③帅四进一　前卒进1

207

④帅四退一　车7平6

⑤车二进九　车6退2

⑥兵三平四　车6平8

⑦兵六平五　将5平4

⑧兵七平六（红胜）

图13-14

①车七平八！车2平1

②车三平四　车5平6

③兵三平四　士6进5

④马三退五！将4平5

⑤车八进一　士5退4

⑥车八平六　将5进1

⑦车六退一！将5平4

⑧车四进一（红胜）

图13-15

①马三进四　士5进6

②兵七平八！士6进5

③兵八进一　士5进4

④马五进四　士4退5

⑤马四退三　马1进2

⑥车五平七　将5平4

⑦兵八平七　将4进1

⑧车七进二　将4进1

⑨车七退三　将4退1

⑩车七平六　士5进4

⑪马三进四（红胜）

十四、车马炮类答案

图14-1

①炮三平五　炮5退3

②炮九平五　车7退4

③车八进六　车7进1

④车六平五（红胜）

图14-2

①帅五平六　车3退1

②马八进九　炮8平3

③炮二平七　车6退5

④马九进七　车3进1

⑤车六进四（红胜）

图14-3

①车九进一　士5退4

②马七进五　士6进5

③马五进四　将5平6

④马四进二　将6进1

⑤车一平四　炮8平6

⑥马二退三　将6退1

⑦车九平六　士5退4

⑧车四进七（红胜）

图14-4

①炮八进四　士4进5

②马七进八　卒7平6

③马八进七　士5退4

④车六进一　将5进1

⑤车六退三　将5进1

⑥车六进一（红胜）

图14-5

①车八进四　士5退4

②马二进三　士6进5

③马三进二　炮1退3

④炮八进三　炮1退1

⑤车八退一　车7平8

⑥车四进四　士5退6

⑦马二退四（红胜）

图14-6

①车二进七　将6平5

②马一进二　炮3退3

③马二进四　士5进6

④炮一进一（红胜）

图14-7

①车七平六　炮4进9

②马二退四　车8平6

③帅五平六　车1进2

④帅六进一　炮9退1

⑤仕五进四　车1退1

⑥帅六退一　炮9平4

⑦车六平八　车6进4

⑧车八进三（红胜）

图14-8

①车二进二　将5进1

②车二退一　将5退1

209

③马五进三　炮5平6

④马三进二　炮6退2

⑤马二退四　将5进1

⑥马四退二　将5进1

⑦炮一退二　炮6进2

⑧马二退四　炮6退2

⑨车二退一　炮6进2

⑩车二平四　将5退1

⑪车四平六　将5平6

⑫马四进二　将6平5

⑬马二进三　将5平6

⑭车六平四（红胜）

图14-9

①车一进二　士4进5

②马三进四　士5退6

③马四退二　将4退1

④车一平八　士6进5

⑤车八进一　将4进1

⑥炮一进三　士5进6

⑦马二进四　士6退5

⑧马四退五（红胜）

图14-10

①车二进七　将6进1

②车二退一　将6退1

③炮九进二　象5退3

④马六进五　马6退8

⑤炮九退一　将6平5

⑥马五退六　将5平6

⑦车二进一　将6进1

⑧马六进七　士4进5

⑨马七退五　士5进4

⑩车二退一　将6进1

⑪马五进六　炮9退4

⑫车二平四（红胜）

图14-11

①马二进三　将5平6

②车一平四　士5进6

③炮一平四　士6退5

④炮四平八　士5进6

⑤马三退五　将6进1

⑥车四平三　将6平5

⑦马五进七　将5平6

⑧车三进四　将6退1

⑨马七退五　士6退5

⑩车三进一　将6进1

⑪马五退三　炮1平7

⑫车三退二　车2进3

⑬车三进一　将6进1

⑭车三平四（红胜）

图14-12

①炮八平一　象5退7

②车二进七　将6退1

③马四进三　将6退1

④车二平四（红胜）

图14-13

①马二进三！

红方伏有"解将还将"，既化解黑方攻势，又有连杀后着。

①……　　　车7进1

②车四退八　车7退8

③车四进九　将5平6

④车二进五（红胜）

图14-14

①炮三进一！　象5退7

②车二平七！　马5退4

③马一进三　将5平4

④车七进二（红胜）

图14-15

①车六进二　将5退1

②车六平四！　车2进3

③炮三进九　士6进5

④车四进一（红胜）

图14-16

胜法1：

①炮一退二　车9进2

②车四进二　将5退1

③炮一平五　士4进5

④车四进一（红胜）

胜法2：

①炮一平二　车9平8

②车四进二　将5退1

③马一进二　士6进5

④炮二平三　士5进6

211

⑤炮三进一　士4进5

⑥马二退三（红胜）

图14-17

①炮四平三！　士5进6

②前炮进二　士6进5

③前炮平一　将5平4

④车三进六　将4进1

⑤马五退七　将4进1

⑥炮三进五（红胜）

图14-18

①炮一平三！　炮9进1

②相一退三　车7进1

③车九平四！　将6退1

④炮三退六　将6进1

⑤炮三平四！　马6进4

⑥炮五平四（红胜）

图14-19

①车六进三　将5平4

②前马进七　将4平5

③马五进四！　士5进6

④车三平八！　象5退3

⑤车八进一　象7进5

⑥炮二平六！　车9平4

⑦车八平七　车4退1

⑧车七平六（红胜）

图14-20

①马七退五！　车7平6

②车二平三　将6进1

③马五退三　将6进1

④车三退二　将6退1

⑤车三进一　将6进1

⑥车三平四（红胜）

图14-21

①马一退三　将5进1

②炮四平二　将5平6

③车六进二　将6退1

④车六平五！　炮1进1

⑤车五进一　将6进1

⑥炮二进二（红胜）

图14-22

①车一进三　士5退6

②炮四平五　象5退7

③马三进五　士4进5

④车一平三！车7退9

⑤马五进三　将5平4

⑥马九进八　将4进1

⑦炮五平九（红胜）

图14-23

①车四进二　炮1退1

②车八平六　炮1平4

③车六进一　将4进1

④炮八平六　将4退1

⑤马一进三　车9平7

⑥车四进一　车7平6

⑦炮五平六（红胜）

图14-24

①车七进三　将4进1

②车七退一　将4退1

③炮九平三！将4平5

④车七平八！车9平8

⑤车八进一　士5退4

⑥车八平六　将5平4

⑦马三进四（红胜）

图14-25

①炮四平五　将5平6

②车六平四　将6平5

③炮九平七　卒3平4

④马六进七　炮3退7

⑤炮七进三（红胜）

图14-26

①炮三进二　将4进1

②马五进七　将4进1

③马七进八　将4退1

④车四平五　士6进5

⑤炮三平六！卒6平5

⑥帅五平四　马8进6

⑦炮六退七　马6进7

⑧炮五平六（红胜）

图14-27

①炮九进三　象5退3

②车五平四　士5进4

③炮五退四　马7退5

④马二进四！炮6进1

⑤车六进一！车8进2

213

⑥相五退三　马5进6

⑦车六进二　将5进1

⑧车六平五（红胜）

图14-28

①车八平五！象3进5

②车三平六　士6进5

③炮八进四　车5进5

④帅六平五　前炮平2

⑤马一退三　将5平6

⑥车六进一　将6进1

⑦炮一进三　将6进1

⑧炮八退二　车3退6

⑨车六退三（红胜）

图14-29

①炮一进四　士6进5

②车三进二　士5退6

③马三进一！车7平8

④车三退一　士6进5

⑤马一进二　士5退6

⑥马二退四！士6进5

⑦车三进一　士5退6

⑧马四退六　将5进1

⑨车三退一（红胜）

图14-30

①车四进一　将5平6

②马三进二　将6平5

③马一进三　将5平6

④马三退五　将6平5

⑤马五进三　将5平6

⑥车六进一　将6进1

⑦马二退三　将6进1

⑧车六平四　士5退6

⑨前马进五　士6进5

⑩炮五进六

解杀还杀，红胜。

图14-31

①车八平六　将4进1

②马三退四　将4退1

③炮一进六　车8退8

④炮九平六　士4退5

⑤马四退五　将4进1

⑥马五进七　将4退1

⑦马七进八　将4进1

⑧炮一退一　士5进6

⑨马八退七　将4退1

⑩炮一平六（红胜）

图14-32

①马三进五　士4进5

②马五进七!　将5平4

③炮五平一!　将4进1

④炮一进三　卒6进1

⑤车二平六　士5进4

⑥炮一平七　卒4平5

⑦帅五平六　卒6进1

⑧车六进一　将4平5

⑨车六进一　将5进1

⑩车六平四（红胜）

图14-33

①马七退五　将6进1

②后车进二　士5进4

③马五进六　士4进5

④前车平四!　车8平6

⑤车八平六　将6退1

⑥马六进八!　士5进4

⑦炮九进七　将6进1

⑧炮八退一　士4退5

⑨马八退七　士5进4

⑩马七进六　士4退5

⑪炮九退一（红胜）

十五、车马炮兵类答案

图15-1

①后炮进九　象1退3

②车八平二　车8退6

③马八进七　炮4退2

④炮七进七（红胜）

图15-2

①车三平五　象7进5

②马二进一　卒6进1

③马一进三（红胜）

图15-3

① 仕五进四　象1进3
② 炮八进七　前车进1
③ 帅五进一　后车进7
④ 兵六进一　将5平6
⑤ 兵六平五（红胜）

图15-4

① 马二进三　将6进1
② 车二进四　将6进1
③ 兵四进一　将6平5
④ 马三退五　将5平4
⑤ 马五退七　将4退1
⑥ 马七进八　将4进1
⑦ 马八进七　将4退1
⑧ 马七退八　将4进1
⑨ 车二退一　象7进5
⑩ 炮五平九　车4进1
⑪ 帅五平六　车1退1
⑫ 帅六平五　车1进2
⑬ 帅五进一　卒4平5

⑭ 兵四平五　卒7平6
⑮ 车二平五（红胜）

图15-5

① 马二进三　将5平4
② 车八进九　将4进1
③ 马三进五　炮8退6
④ 马五退七　将4进1
⑤ 兵四进一（红胜）

图15-6

① 马二进三　将5平4
② 炮二平六　士4退5
③ 兵五平六　士5进4
④ 兵六平七　士4退5
⑤ 车二进四　将4进1
⑥ 车二平六　士5进4
⑦ 车六进一　将4平5
⑧ 炮六平二　马7进9
⑨ 马三退四　将5退1
⑩ 车六进一　士6进5
⑪ 车六平五　将5平4
⑫ 炮二平六（红胜）

图15-7

①车一平六　将4平5

②马二进三　车2平4

③炮一进四　士6进5

④马三进二　士5退6

⑤马二退一　士6进5

⑥马一进三　将5平6

⑦炮一退三　前卒平5

⑧帅六退一　士5退4

⑨炮一平四　士6退5

⑩炮四退三　卒6平5

⑪车六退四　后卒平4

⑫仕六退五（红胜）

图15-8

①马八退七　将5平6

②车八进九　将6进1

③马七退五　象7退5

④车八平二　卒7平8

⑤马五进三　后车退7

⑥炮一退七　士5进4

⑦炮一平四　士6退5

⑧马三退四　士5进6

⑨马四退二　士6退5

⑩马二进三　将6进1

⑪马三退四（红胜）

图15-9

①兵四进一　将6平5

②兵四进一　将5平4

③车六平二　士4退5

④马八进七　将4退1

⑤车二平六　将4平5

⑥炮六平五　士5进6

⑦马七进五　士6进5

⑧马五进四　士5进4

⑨马四进五　士6退5

⑩兵四进一　将5平4

⑪车六进三（红胜）

图15-10

①马二进三　将5平4

②马四进五！　马9退7

③车一平四　马7退5

④炮一平六！　车3退2

⑤车八进二（红胜）

图15-11

①炮二平三！ 卒2平3

②兵四进一　士5退6

③炮三进二　士6进5

④马二进四（红胜）

图15-12

①兵六平五　车1平2

②车六进一！ 士5退4

③马六进五！ 将6进1

④马五退三　将6平5

⑤车二退一（红胜）

图15-13

①车一进一！ 车8平9

②车七平五！ 卒3进1

③马八进六　车5平6

④帅四进一　炮9平3

⑤车五平七　士5进4

⑥车七平六　车9平8

⑦车六平二（红胜）

图15-14

①马三进四　士6进5

②车七进一　将4退1

③炮一平五！ 将4平5

④车七进一　将5进1

⑤车七退一　将5退1

⑥马四退六　将5平4

⑦马六进七（红胜）

图15-15

①兵六进一　将5平4

②车四进一　将4进1

③马五退七　将4进1

④炮五进六！ 卒6平5

⑤炮五退七　车1平7

⑥车四平六　车7平4

⑦马七进八（红胜）

图15-16

①车四进三！ 士5退6

②马六进四　车1进1

③车三平四　将4平5

④车四进一　将5进1

⑤车四平五　将5平6

⑥炮六平四　将6进1

⑦兵三平四（红胜）

图15-17

　①马九进七　车3退1

　②兵六进一　将5平6

　③车二进二　炮6退1

　④车六进四　车7平9

　⑤兵六平五！将6平5

　⑥车六平五　将5平6

⑦车二平四（红胜）

图15-18

　①兵七进一！将4进1

　②车四平六　炮1平4

　③车六进四！士5进4

　④炮九平六　车2平4

　⑤炮六进三！象7退9

　⑥兵三进一　象9退7

　⑦兵三进一（红胜）